OP GEVOEL

Tom Dumoulin & Nando Boers

Op gevoel

Een wielerleven

2024
THOMAS RAP
AMSTERDAM

Deze uitgave kwam tot stand door bemiddeling van
Maarten Boers Literary Agency
Eerste druk juni 2024
Tweede druk juni 2024
Omslagontwerp Jan van Zomeren
Omslagfoto Keke Keukelaar
Foto auteur Keke Keukelaar
Vormgeving binnenwerk Perfect Service
Druk en bindwerk Wilco, Amersfoort
ISBN 978 94 004 1080 0
NUR 491

thomasrap.nl

MIX
Papier | Ondersteunt verantwoord bosbeheer
FSC® C004472

Bij de productie van dit boek is gebruikgemaakt van papier dat het keurmerk van de Forest Stewardship Council (FSC®) mag dragen.
Bij dit papier is het zeker dat de productie niet tot bosvernietiging heeft geleid.

INHOUD

DEEL 4

DEEL 5

PROLOOG

'Ik was net even duizelig,' zei Tom. Hij had zich laten terugzakken uit het groepje renners en hield zich met één hand vast aan het portier, aan de kant waar ik zat. Achter het stuur van de ploegleidersauto met daarop de reservefietsen zat zijn trainer, die het raampje naar beneden had laten zakken.

We reden die januaridag door het heuvelachtige achterland van Alicante, aan de Spaanse Middellandse Zee. Dit was het grote trainingskamp van Jumbo-Visma en Tom was de grote aanwinst. Hij was de voorbije jaren drie keer op het podium van een grote ronde geëindigd – in 2017 had hij zijn grootste triomf gevierd: de eindzege van de Giro. Na de transfer van Sunweb naar Jumbo-Visma in de zomer waren de trainers en coaches bij zijn nieuwe ploeg er na het eerste trainingskamp, een maand eerder, van overtuigd geraakt dat Tom in 2020 de Tour de France zou kunnen gaan winnen. Zo goed waren de trainingswaardes geweest die hij toen in Girona, een paar honderd kilometer ten noorden van Alicante, op die ene dag had laten zien.

'Ik kijk het nog even aan.'

'Is je beeld scherp?' Mathieu Heijboer was sinds een paar maanden zijn trainer en tevens *head of performance* van de Nederlandse wielerploeg.

'Ja.'

'Maar als je het niet vertrouwt, dan stop je, hè?'

'Ja. Ja.'

Tom liet het portier weer los en ging op de pedalen staan. Hij reed weer voor ons uit, richting de teamgenoten die al aan een korte beklimming waren begonnen. Toen we een paar minuten later door een doodstil dorpje reden zagen we dat hij zich weer had laten terugzakken. We stopten net buiten het dorp op een kruispunt. Er was toch niemand. Het rook er naar haardvuur.

'Ik was even licht in mijn hoofd.' Hij was afgestapt en leunde op zijn fiets. '*Whap-whap*. Mijn ademhaling schoot omhoog.' Zijn trainer stond naast hem. 'Ik heb ook geen hartslagmeter. Die deed het niet.'

'Moet je ook niet naar kijken. Wil je achter in de auto?'

'Nee, nee, het gaat.'

'Wil je hangen aan de auto?'

'Nee, ik rij wel.'

Voorzichtig klom Tom weer op zijn fiets en vervolgde zijn route. Zijn teamgenoten waren allang uit het zicht verdwenen. 'Ik wilde hem vooral even in de ogen kijken,' zei zijn trainer van achter het stuur toen we weer op gang waren. Als hij het niet had vertrouwd, had hij hem gesommeerd achterin te gaan zitten. In mijn notitieboek schreef ik: *de kampioen fietst nu alleen voor ons – met al die gedachtes.*

De auto kwam weer langszij. Tom keek naar binnen. Het raampje zoefde opnieuw naar beneden. 'Zakt het?'

'Ja, ietsjes. Geen zorgen. Het gaat wel. Mijn ademhaling heb ik nu beter onder controle.'

De auto remde iets af, Tom schoot voor ons weg, zette de afdaling in en sneed de bochten scherp aan. 'Wat een fantastische atleet is het toch,' zei zijn trainer zonder me aan te kijken, en na een korte stilte: 'Het komt natuurlijk wel ergens door, dat gevoel. Dit komt niet uit de lucht vallen.'

Het lichte gevoel in Toms hoofd bleek een aankondiging. Een paar dagen nadat ik het trainingskamp had verlaten, brak Tom zijn training af, verliet de ploeg en vloog terug naar huis. Het ging toen al niet goed met hem. De jongen uit Maastricht die in mei 2017 aan de vooravond van zijn eindoverwinning via Twitter persoonlijke berichten kreeg toegestuurd van Lance Armstrong en Alberto Contador, die hem aanmoedigden en tips gaven voor de beslissende tijdrit naar Milaan, die jongen was in verwarring geraakt.

Ik volgde Tom van nabij in de drie jaar dat ik aan *Het plan* werkte, een boek over de wielerploeg van Jumbo-Visma. Het bleken precies de laatste drie seizoenen van Toms carrière. We spraken elkaar die jaren uitvoerig. De overgang van Sunweb naar Jumbo-Visma in het najaar van 2019 had een keerpunt kunnen zijn. Dat was voor beide partijen het uitgangspunt geweest. Bij Jumbo-Visma zou Tom aan de top kunnen terugkeren en Jumbo-Visma zou aan de hand van Tom de laatste stap naar de absolute top gaan zetten: winst in de Tour de France, niets minder dan dat was het doel.

Ik wist veel maar, zo bleek een aantal jaren later, lang niet alles. Ik wist niet dat Tom zich al vanaf het prille begin van zijn carrière 'te gast' had gevoeld in het wielerpeloton. Een renner die, hoe goed hij ook was, hoe gedreven en geconcentreerd ook, zich steeds afvroeg hoe hij zich moest verhouden tot de wereld waarin hij zich begaf.

Ruim twee jaar na die duizeligheid in Alicante vertelde hij mij dat hij had besloten aan het einde van het seizoen

2022 te stoppen met wielrennen. Op de terugweg vanuit Italië, nadat hij vroegtijdig uit zijn geliefde Giro was gestapt, vroeg hij het mij vooral voor me te houden. De officiële, publieke bekendmaking van zijn besluit zou later volgen.

Hij was eenendertig jaar, het wielerleven moe.

DEEL 1

1

Lulletje rozenwater

Tom is op een deelscooter vanaf het Centraal Station van Amsterdam, waar hij met de trein uit Maastricht aankwam, naar het terras gereden waar we hebben afgesproken. Toen we hier aan de kade een paar maanden geleden voor het eerst in alle openheid over zijn leven als wielerprof spraken, weigerden daarna alle scooters in de omgeving nog dienst. Hij kon ze met geen mogelijkheid *unlocken* of opstarten. Er zat wat hem betreft niks anders op dan zich vanaf het terras rennend naar de uitgeverij te reppen waar we het contract voor dit boek zouden gaan tekenen.

Ik reed die middag op mijn stadsfiets, waar hevig piepende geluiden uit kwamen, en moest vaart maken om Tom bij te houden. Hij slalomde over voet- en fietspaden en trok die lentedag aardig wat bekijks op de Kinkerstraat. Het interesseerde hem geen bal. 'Ik vind dit gewoon leuk!' riep hij tijdens zijn draf richting het Museumplein. Nu zitten we op diezelfde plek weer tegenover elkaar aan een houten tafel op het terras dat grenst aan de vaart. Even verderop het appartement dat Tom afgelopen winter kocht. De zomer waarin we samen op pad zijn geweest loopt op z'n einde.

Tom reist af en toe op en neer van en naar Maastricht. Hij geniet van de sfeer in Amsterdam, maar het is niet zo – hij benadrukt het maar even – dat hij, het carnavalskind dat op zondag 11 november 1990 werd geboren als oudste zoon van Erna Burg en John Dumoulin, ooit Limburg zal gaan verlaten. Amsterdam voelt op dit moment vooral als vakantie. Een van zijn zusjes woont er ook. Toen hij kortgeleden in een bistro annex wijnbar annex restaurant uit eten was met haar en zijn andere zus, Nina en Simone ('Mijn ouders deden er altijd een beetje vaag over: "*We vonden het gewoon twee leuke namen.*"'), vertelden ze hem dat ze blij waren. Na al die tijd waarin hij vaak meer dan 150 dagen per jaar in het buitenland zat en over zo'n beetje de hele wereld koersen had gereden, hadden ze het gevoel dat ze hun broer weer terug hadden. Logisch dat hij nu opgewekt kijkt. Zij kregen hem pas 'terug' toen hij in staat was geweest zichzelf te ontworstelen aan het wielrennen en de rust die daarvoor nodig was vond hij pas toen hij was gestopt. Zonder fiets kon hij proberen zichzelf terug te vinden. En daar lijkt hij, zo te zien, aardig in te slagen.

Zijn lach is breed vandaag. Aan het einde van de middag is hij van plan nog een paar rondjes door het Vondelpark te rennen, omdat er binnenkort een halve marathon op het programma staat. Fysieke uitdagingen blijven er altijd. Zijn rugzak met hardloopgerei staat naast hem op de grond. De sponsorsporen van zijn laatste werkgever zijn nog zichtbaar. Het is iets langer dan een jaar geleden dat hij in Baskenland zijn laatste internationale wedstrijd reed.

'Mis je het wielrennen?'

'Nog geen moment.'

Weer die grijns op zijn gezicht. Dit leven bevalt hem goed, al vindt hij dat ook gek. Hij heeft ook heel erg van het avontuur genoten, zoals hij zijn wielercarrière omschrijft, maar het leven van die paar profs die de dienst uitmaken in de absolute wereldtop – waartoe hij een aantal jaren behoorde – is in hoog tempo geëvolueerd. Wielrennen is een sport voor monniken geworden, voor die paar atleten die in afzondering kunnen bestaan, die minutieus de gedetailleerde trainingsprogramma's kunnen volgen, die elke dag met de kippen op stok gaan, zich per jaar misschien twee uitspattingen veroorloven (een pizza! een glas wijn!), die dagelijks door trainers en coaches gemonitord worden, die dag in, dag uit hun eten op de gram nauwkeurig willen afwegen om maar geen ons vet te veel te wegen. 'Het wielrennen zoals het nu is past niet meer bij wie ik ben en het past ook niet meer bij wie ik wil zijn.'

Ik vraag of het hem inmiddels duidelijker is geworden wie hij dan precies wil zijn. Hij knikt. Hij is nu iemand die geïnteresseerd is in anderen en in zichzelf. 'Vroeger was ik alleen maar geïnteresseerd in hoe ik een betere wielrenner kon worden. Nu wil ik erachter komen hoe ik in het leven wil staan. Hoe wil ik zijn voor anderen?'

De bestelling komt door. Twee broodjes met kip en twee koffie. Als de serveerster naar een andere houten buitentafel is vertrokken, volgt er een zucht van opluchting. Hij laat zijn schouders zakken. 'Weet je, ik heb gewoon weer energie. Als we hier zitten merk ik dat ik echt híér ben. Ik heb geen andere gedachtes, er is geen training van morgen, er is geen rottraining van gisteren. Ik ben fris en fit. Ik bén er. Ik geniet van het mooie weer en hoe leuk het is hier aan het water te lunchen.'

'Dus je vindt jezelf nu gewoon een leuker persoon dan toen je renner was?'

'Ja,' zegt hij vastberaden vanachter zijn zonnebril. 'Het is allemaal heel bijzonder geweest. Ik ben door het wielrennen weerbaarder geworden. Maar het valt gewoon niet te ontkennen: ik voel me nu vrijer. Ik was de laatste seizoenen niet alleen de controle over mijn carrière kwijt, maar ook over mijn leven. Omdat die carrière zo'n groot deel van mij uitmaakte. Ik was die autonomie vóllédig kwijt. En die heb ik nu weer terug. Ik kan weer mijn eigen keuzes maken.'

Een paar weken eerder zaten we met zijn ouders aan tafel in de keuken van zijn ouderlijk huis, net buiten het centrum van Maastricht. We dronken koffie, aten kersenvlaai en bladerden door een stapel ordners. Zijn moeder legde de eerste wedstrijden van Tom puntgaaf vast met foto's, zelfgemaakte onderschriften en verslagen, stukjes uit het clubblad van Bergklimmers, zijn eerste vereniging. Het was dertien maanden geleden dat hij zijn laatste koers als beroepsrenner had gereden.

Zijn ouders hadden de doorzichtige opbergbakken met wielershirts, petjes en bidons in de woonkamer opgestapeld. Tom had er alleen geen behoefte aan alles te openen en te bekijken. Toen zijn moeder een oud interview op tafel legde en het naar hem toe schoof, zei ze het zo frappant te vinden wat hij daarin allemaal vertelde. 'Mijn dagen als vrijbuiter zijn geteld.' Dat stond er boven het artikel.

Tom pakte het stuk niet op, wilde zijn eigen woorden niet teruglezen. Alsof hij ze wantrouwde. Hij legde zijn moeder uit dat het precies hetzelfde was als laatst met dat filmpje dat de fietsfabrikant had gemaakt waarmee hij een betaald ambassadeurschap was aangegaan. Dat promofilmpje met de oude beelden van de jonge Tom aan het parcours van de Amstel Gold Race bekeek hij ook pas nadat hij er veel positieve reacties op had gekregen. 'Eerder durfde ik niet te kijken. En nu heb ik het nog steeds niet helemaal gekeken. Ik zou wel eens willen weten hoe jullie dat vinden, als zo'n filmpje over jullie gemaakt zou zijn. Ja, voor jullie is het nu lekker makkelijk praten allemaal.' Zijn moeder heeft alle interviews, alle spullen, bewaard zodat hij ze ooit nog kan bekijken, zei ze tegen hem. 'Daar ben ik je echt dankbaar voor,' stelde Tom haar gerust, 'maar ergens over twintig jaar ga ik er misschien eens doorheen.'

Ze diepte op zeker moment de herinnering op aan de helikopters die op de ochtenden van de Amstel Gold Race op het grasveldje landdden dat min of meer aan de overkant van hun huis ligt, de plek waar Tom vroeger met zijn vriendjes speelde. Het was eigenlijk meer een militair oefenveld, onderdeel van de kazerne die aan de overkant van de weg lag. Met hun nog magere lijven wurmden ze zich tussen de spijlen van het hek door om – als het gras weer eens was gemaaid – op dat braakliggende stuk grond te voetballen.

Op die aprilochtend van de enige Nederlandse wielerklassieker stegen de helikopters met flink kabaal op vanaf dat terrein, met aan boord de camerateams die de koers vanuit de lucht filmden waardoor de televisiekijker die middag het landschap kon zien waar de renners zich een weg doorheen baanden in een poging als eerste aan de streep te komen op de Kanaaldijk, vlak aan de oever van de Maas, vlak bij de straat waar de familie Dumoulin woonde.

Op de enige Nederlandse wielerzondag die internationaal van belang was, gonsde het toen van de activiteit rondom het huis van Dumoulin. De artikelen in de krant hadden de familie er attent op gemaakt dat het peloton in aantocht was en op de zondag vanaf de Markt in Maastricht van start zou gaan. 'Ik hoorde dan van papa en mama dat het morgen weer de dag van de koers was.'

Hij heeft een filmpje op zijn telefoon met die oude beelden. Tom aan het parcours, een klein jochie, eind jaren negentig van de vorige eeuw. Hij weet nog waar het ongeveer geweest moet zijn, waar hij stond te kijken. 'Weet je waar de Sint-Pietersberg ligt? Nou, onder aan die heuvel is een vijfsprong. Bij het grote huis van André Rieu reden de renners omhoog en beklommen dan de Zonneberg, een heel smal klein kutweggetje. Daar kom je die Sint-Pieter naar beneden gedenderd en als je op die vijfsprong rechtdoor zou gaan kom je in de straat van ons huis aan. En hier, zie je? Dat ben ik, met dat rode jasje aan. Kijk! En dat, dat is mijn zusje, Nina.'

Hij noemt het een magisch moment: de renners, ze komen eraan! Aangekondigd door een batterij aan politiemotoren, juryleden en fotografen, het *thwok-chop-thwok-chop*-geluid van de helikopters die boven de koplopers vlogen en natuurlijk het geclaxonneer van de auto's met sponsors en officials. Hij kreeg het gevoel onderdeel te zijn van een groter geheel. 'Ik wist niks van fietsen, maar wauw, hoe hard die mannen gingen. Ze kwamen echt voorbij gejaagd.'

De volgende dag op school was alles weer normaal, de opwinding verdwenen. De rechtstreekse uitzending van Luik-Bastenaken-Luik die de week erna volgde, keek hij niet. Maar toch. Toch móet ergens op een van die dagen van de Amstel Gold Race dat zaadje zijn geplant, denkt hij. Een zaadje dat zei: dit is gaaf, dit kan wel wat voor mij zijn, ooit. Een van die helden worden waar anderen naar staan te kijken.

Tijdens onze eerste afspraak aan het begin van de zomer, toen in Amsterdam alle deelscooters zich tegen hem hadden gekeerd, had ik me voorgenomen met Tom gewoon te beginnen bij het begin: hoe was hij als jochie? Ik vroeg naar zaken die van belang zouden kunnen zijn om zijn bestaan als wielrenner te kunnen begrijpen.

Hij knikte, begreep het. Hij wilde graag praten over wielrennen, maar had weinig trek in analyses over zijn jeugd, geen gezever. Alsjeblieft zeg. Hij was gewoon een jongetje, met een eigenaardige eigenschap: het liefst rende hij overal naartoe. Hij heeft altijd veel energie gehad. Zijn moeder kan zich niet herinneren dat hij ooit ook maar iets wandelend heeft gedaan. Naar zijn vriendjes die schuin aan de overkant van de straat woonden trok hij een sprintje. En op de fiets naar school reed hij ook altijd zo hard mogelijk. 'Tot hijgens toe. Ik ben een sloddervos, af en toe chaotisch. Ik ging meestal te laat van huis dus moest ik wel snel fietsen. Daarnaast ben ik ook nog eens ongeduldig. Ik vind vooral iets leuk als ik het kan. In coronatijd kocht ik bijvoorbeeld een piano omdat ik altijd graag muziek heb willen spelen. Dus ik dacht: nou ga ik me daar even toe zetten en hoewel ik wist dat het jaren kost voordat je een beetje kunt pianospelen dacht ik toch echt dat het mij sneller zou lukken. Ik begon met oefenen. Maar na een keer of drie had ik niet het idee veel vooruitgang te boeken. "Vader Jacob" kon ik nog steeds niet vloeiend. Ik was alleen maar die handelingen aan het uitvoeren en geen muziek aan het spelen. Ik verloor al snel mijn interesse en heb het ding vervolgens nooit meer aangeraakt.'

Als jongetje ging hij eerst op voetbal, maar echt op zijn gemak voelde hij zich nooit op de terreinen van die clubs waar het haantjesgedrag bevorderlijk was voor je sociale status. 'Toen ik ook nog eens snel begon te groeien en lang en slungelig werd – en dus onhandig met die bal – wilde ik iets anders.' Hij had niet alleen lange benen, maar was ook een lichtgewicht: een ideale combinatie voor hardlopen. Hij ging op atletiek, maar alleen hardlopen zat er op die leeftijd niet in. Je moest alle onderdelen doen, maar in kogelstoten of verspringen was hij een stuk minder goed. Hij vond het ook meteen minder leuk. Hij merkte dat hij vooral goed was als het op conditie aankwam. 'Mezelf tot het uiterste drijven vind ik nog altijd heerlijk. Ik denk dat ik nog steeds het shuttlerunrecord bezit van het Bonnefanten College. Als ik het me goed herinner kreeg je een 10 als je tot stap 11 kwam. Ik kwam tot stap 17,5. Ik weet nog wel dat ik dacht: waarom *the fuck* doe ik dit zo fanatiek? Nu weet ik het. Zulke dingen geven me gewoon een lekker gevoel.'

De Dumoulins waren geen wielerfamilie zoals je die veel hebt in Limburg. Zijn vader, toen in het dagelijks leven hoofd van het IVF-laboratorium van het ziekenhuis in Maastricht, keek wel eens naar wielrennen op televisie en in de zomer stonden zoals in veel huiskamers overdag de uitzendingen van de Tour altijd wel op, maar verder ging het niet. 'Mijn moeder keek geen wielrennen. Ze zat mijn vader vaak wel een beetje te jennen: "Waarom ben jij nou zo'n fan van die Lance Armstrong? Dat is toch helemaal niet leuk? Die wint altijd." Mijn vader schoot dan altijd in de verdediging: "Ja, moet je eens kijken hoe hij is teruggekomen van die kanker," riep hij. "Hoe hard moet je dan wel niet zijn in je kop." Mijn ouders wisten toen niks van doping.'

Hij moet een jaar of veertien geweest zijn toen zijn moeder contact zocht met een wielerclub in de buurt. Omdat hij één sport wilde beoefenen die je het hele jaar kon doen, kreeg wielrennen de voorkeur boven ijshockey. Ze belde met Maasland Ster en Bergklimmers. Bij die laatste club vertelde een heel aardige man dat ze kon langskomen om het een keertje te proberen. Hij bood hem een leenfiets aan, daar hadden ze er bij de club nog wel eentje van.

'Harry Riem was een hele lieve, warme en zachtaardige man. Hij bekommerde zich echt om de fietsende jeugd. Harry was een pure vrijwilliger. Hij hoefde er niks voor terug. Gewoon echt een lieve man. Hij is heel belangrijk voor mij geweest. Hij heeft mijn liefde voor het wielrennen aangewakkerd. Toen ik junior was begon ik wat vooruitgang te boeken. Ik kon net wedstrijdjes uitrijden en ook wel een beetje meedoen, maar ik was nog niet goed, won nog niks. Maar Harry zag potentie en heeft eind 2008 nog een goed woordje gedaan bij een Limburgs selectieploegje, PPL Belisol. Die hadden mij aanvankelijk niet zien staan, maar Harry zei: "Neem die Tom nou ook maar mee. Probeer het gewoon."'

Harry Riem had opgemerkt dat de lange slungel hard bergop kon rijden en dan best snel van die inspanning wist te herstellen. Zijn moeder herinnert zich nog de laatste wedstrijd die Harry zag waarin Tom reed, een koers rondom Luik. Daar kwam hij vaak als eerste boven om beneden weer achteraan te moeten beginnen. 'Dat kwam doordat ik niet wist hoe je moest manoeuvreren in het peloton. Dus begon ik telkens als laatste aan zo'n klimmetje, kwam dan als eerste boven en liet me vervolgens weer door iedereen inhalen. Ik was niet handig in het rijden van wedstrijden, maar omdat het daarom gaat, reed ik geen uitslagen.'

Bij de nieuwe selectieploeg luisterden ze gelukkig wel naar Harry Riem. Voor het seizoen 2009 werd Tom opgenomen in het regionale korps. Twee maanden nadat hij dat bericht kreeg overleed Harry aan een hartaanval. 'Ik denk nog best vaak aan hem. Ik heb het altijd heel jammer gevonden dat hij nooit mijn profcarrière heeft kunnen meemaken, want ik denk dat hij trots was geweest op het werk dat hij in mij had gestoken. En daar hoefde hij nooit wat voor terug te hebben, hè. Ik ben Harry nog altijd heel veel dank verschuldigd. Hij was pas een jaar of 45 toen hij stierf.'

Zijn eerste echte racefiets kocht Tom voor een deel met geld dat hij als krantenbezorger verdiende. De andere helft van de TREK betaalden zijn ouders. 'Lance Armstrong reed ook op zo'n fiets. Ik dacht: dat moet dus wel een goeie zijn. Volgens mij had die fiets ook de kleuren van US Postal: rood, zilver en blauw. Hij was van aluminium en had een carbon voorvork. Dat vond ik toen heel gaaf.'

Hij begon als tweedejaars nieuweling te fietsen en vond anderhalf uur trainen al lang. Toen hij zich in die eerste winter als lid van Bergklimmers op de afgesproken plek meldde, droeg hij niet veel meer dan een broekje, een shirtje en misschien been- en armstukken, maar zeker geen overschoenen, geen muts voor onder de helm, geen handschoenen en geen waterdicht jack. '"Zo kun je niet mee Tom," zei Harry. "Dit kan niet." Stopte hij nog snel een krant onder mijn shirtje. Hij wist meteen: die familie Dumoulin weet er niet veel van, dus deze nieuwe jongen moet ik even helpen.'

De Dumoulins voelden zich te gast in het regionale Limburgse wielerwereldje, ondanks dat ze meer dan welkom waren en door iedereen wegwijs gemaakt werden. Maar er echt deel van uitmaken, nee. Zijn vader ging vaak gewoon wandelen langs het parcours als Tom moest trainen. 'Wij beleefden het wielrennen heel anders,' zegt Tom. 'Het waren heel aardige mensen, echt, en ik kon het ook goed met ze vinden, maar ik voelde me toch te gast, in een wereld die de mijne niet was.'

In die eerste winters verzorgde oud-prof Ad Wijnands de avondtrainingen. Of ze gingen op pad met de mountainbike, verzamelden ze bij camping De Bosrand in Sint Geertruid. 'Alles reed daar gewoon door elkaar. Nieuwelingen, junioren, ervaren renners. Dan zette Ad buiten ergens op een parkeerplaats pylonen neer om een klein parcours te maken en dan leerde hij ons hoe we moesten sturen en bochtjes moesten draaien.'

Die avondtrainingen in de winter vonden plaats in een loods van een meubelbedrijf van de familie Motké – al die jochies op rollers in de loods – en op zaterdagochtend trokken ze er in de buitenlucht op uit om nadien met z'n allen macaroni met ketchup te eten. 'Ik had al snel handigheid in het rijden op rollers. Met twintig man zaten we dan daar, en dat was echt een flink kabaal. Dan stond Ad tussen ons in met een stopwatch en riep: "En nu sprinten!" Niet dat je op zulke rollers veel snelheid kunt maken, maar je leert wel goed op je cadans te letten. Dat is op die leeftijd veel belangrijker dan op kracht trainen.'

Na het overlijden van Harry Riem ontfermde de familie Harings zich over de stuntelende familie Dumoulin. 'In die families – er waren er veel meer – ging het wielrennen over van generatie op generatie. Pa fietst, zoon fietst, opa heeft gekoerst. Na de wedstrijdjes spraken ze in die families ook lang na over de wedstrijd, maar wij gingen na de koers gewoon weer andere dingen doen.' Hij trainde vaak met Sandro, de zoon van de familie. Soms vier keer in de week de weg op, beter worden. Ondertussen de handigheidjes onder de knie proberen te krijgen. 'Ik was voor hen echt een rare vogel. Ik wist nog niet eens hoe je in het wiel van een ander kon rijden.'

Die eerste wedstrijdjes waaraan hij meedeed waren dan ook spannend. Hij vond het vooral eng om kort op het wiel van zijn voorganger te zitten. 'Eerst zat ik er gewoon een meter achter,' lacht hij, 'maar hoe vaker ik fietste hoe dichterbij ik durfde te komen. Toen leerde ik al snel dat je natuurlijk niet precies áchter het wiel moet zitten, want remmen ze voor je dan knal je erop. Wist ik veel. En hoewel ik het eerste jaar maar weinig wedstrijden uitreed vond ik het allemaal heel leuk, kon ik het lichamelijk net aan en zoog ik al die feitjes en handigheidjes op als een spons. Ik was de avond voor zo'n wedstrijd altijd heel nerveus. Ik sliep slecht, want ik wilde me bewijzen in het wielrennen. Pas tegen het einde van mijn loopbaan ging ik beter slapen, maar toen presteerde ik minder goed, dus als ik daar nu aan terugdenk had ik die stress wellicht ook nodig.' Hij lacht er minzaam bij.

Als de dag van gisteren herinnert hij zich nog de eerste wedstrijd na de winter, voorjaar 2008. Op het vliegveld van Beek. 'Op zo'n bedrijventerrein dat daar lag. Nerveus joh! Bijna niet geslapen, 's ochtends koud en guur en zó spannend. Was ook wel een vorm van faalangst. Want ik voelde natuurlijk wel dat ik na een maand of vijf trainen nog steeds niet erg meekon met jongens die al jaren op de fiets zaten, maar ik vond het allemaal zo belangrijk, maakte me er toch druk om, want ik wilde heel goed presteren. Ik reed dat eerste wedstrijdje overigens wel uit.'

Tijdens de eerste lokale Belgische wedstrijden liep hij tegen elementaire zaken op. Zo greep hij nogal eens mis als hem in de koers vanaf de zijkant bidons werden aangereikt. Omdat hij niet aan Harry of andere jongens had durven vragen hoe dat precies werkte, deed hij het telkens op goed geluk. Hij sloeg de bidons vaak uit de handen van aanreikers. 'Ik had na een tijdje wel zoiets van: mam, dit moeten we gaan oefenen.' In een straat verderop begonnen ze op een middag. Tom reed op en neer, zijn moeder hield de bidons in de lucht. Bij elke geslaagde poging voerde hij het tempo op.

Zijn vader had zich er een aantal jaren later nog wel eens over verwonderd: dat het eigenlijk gek was dat niemand nieuwkomers dat soort dingen uitlegde. Hij was tot de slotsom gekomen dat die wielerfamilies dat soort handigheidjes allemaal al aan de keukentafel hadden besproken, dat die kinderen allemaal allang hadden gezien hoe dat moest. 'Niet gek dat ze in die clubs niets aan nieuwkomers vertellen.'

Toen ik zei dat ik dat wel gek vond, antwoordde Tom dat je je ook niet te veel moet voorstellen van wielerclubs. 'Zo georganiseerd was het allemaal niet. Het is gewoon onvermijdelijk dat het zo gaat als je op mijn leeftijd pas in deze wereld terechtkomt. Dat je sommige dingen gewoon niet weet en er zelf achter moet komen. Ik wist echt niks van wielrennen, hè. Wist ik veel hoe ik bandjes moest verwisselen? Hoe je je achterwiel erin moest steken, met die ketting en dat schakelmechanisme? Geen idee. Niemand die het mij vertelde. Koerstactiek? Ik wist niet wat dat was. Ik snapte niks van deze wereld. Ik was een slungelig mannetje dat toen nog niet bijster hard kon fietsen. Ik voelde me echt een lulletje rozenwater. Maar ik wist ook: ik moet dit doen, want ik wil hier beter in worden. De drang was groot.'

Die zomer ging hij met de familie nog drie weken op vakantie naar Indonesië. Tot ontsteltenis van de familie Harings. Hoe kon hij dat nou doen? Midden in het seizoen? *Wat moest dat dan wel niet allemaal geven*? Tom dacht nog: wat is daar nou mis mee, maar twijfelde daarna toch een beetje, want de koers werd toch wel een serieuze zaak. Toen hij alsnog besloot mee op vakantie te gaan, stonden ze bij Harings op de achterste benen.

Mensen, waar hébben jullie het over? dachten zijn ouders. Tom is toch gewoon leuk aan het fietsen? Wat geeft dat nou als hij een keer niet aan de finish komt? Tom fietste voor zijn plezier. 'En wij gingen ook mee omdat we het leuk vonden,' zei zijn moeder. 'Mijn eigen moeder ging ook wel eens mee, gezellig, maar verder? We gingen een frietje halen en reden terug naar huis, maar in die andere auto's werd toen al nagepraat over de wedstrijden.'

'Maar het mooie was,' zei Tom grinnikend, 'toen ik terugkwam uit Indonesië stond gelijk de belangrijkste wedstrijd van het seizoen op het programma. Remouchamps-Ferrières-Remouchamps. Ik zat halverwege die dag door de Ardennen in de kopgroep en hoewel we werden teruggepakt en ik ben afgestapt, reed ik die dag best goed. Na die wedstrijd werd die familie Harings pas écht boos op mij. Ze beschuldigden mij ervan dat ik wél had getraind in Indonesië, dat ik wél had gefietst. Moest ik mij opeens gaan verdedigen, dat het niet zo was geweest. Ik stond daar echt met mijn mond vol tanden. Wat had ik misdaan? Maar zij voelden zich geflikt, ja, echt geflikt.'

Hij had op Bali twee keer een sportschool bezocht, één keer twintig minuten in Jakarta op zo'n hometrainer gefietst (*Wat een onzin*, dacht zijn moeder nog) en een keer een oud krakkemikkig mountainbikeje gehuurd en over een stil landweggetje op-en-neer gefietst. 'Ik had dus weinig kunnen trainen, waardoor ik er voor mezelf een beetje druk vanaf kon halen. Ik zou na de vakantie in de wedstrijden zeker mijn best gaan doen, maar als het niks zou worden dan was het ook logisch, want ik had een paar weken niks gedaan. Zo startte ik later ook vaak in grote wedstrijden: oké Tom, je kunt er nu toch niks meer aan veranderen, je haalt er gewoon maar alles uit wat er nu in zit en dan merk je straks wel wat het resultaat is. Het was ergens toch ook een manier om van het wielrennen te kunnen blijven genieten. Met die instelling vertrok ik zeven jaar later ook naar de Giro van 2017. Ik hield mezelf toen voor: dit is de eerste keer dat je écht voor het klassement gaat, maar als je achtste wordt dan is het gewoon een hele mooie eerste stap geweest in je ontwikkeling als klassementsrenner.'

Toen ook het tweede stuk kersenvlaai was verorberd herinnerde zijn moeder zich nog die keer dat de familie naar Frankrijk op vakantie ging en de toen zestienjarige Tom zijn racefiets had meegenomen. 'Jij wilde die ene berg op. Was dat met papa?'

'Nee, ik had zelf een ronde uitgestippeld, precies weet ik het niet, maar we zaten volgens mij in Embrun en vlak daarbij ligt de Col d'Izoard. Ik wilde nu wel eens weten hoe het was om in de Alpen te fietsen. Ik wilde zo'n grote Alpen-col op.'

'Ja, maar jij wilde in je eentje die berg op. Kwam niks van

in. Ik ging in de auto met je mee, als bezempje. En ik weet nog dat ik dacht: mijn God Tom, wat ben je aan het doen? Op zeker moment ben ik naast je gaan rijden en vroeg of je niet af wilde stappen?'

'Ik had een rondje van zestig of tachtig kilometer uitgestippeld, weet ik niet meer precies, maar ik dacht natuurlijk: dat moet wel lukken. Maar ja, als je nooit langer dan twee uur hebt gefietst en over zo'n beklimming doe je al anderhalf uur... Ik weet ook dat jij dat best spannend vond, mam. Ik ben volgens mij op de top in de auto gestapt.'

'Omdat ik die afdaling eng vond.'

'Ik voelde natuurlijk jouw angst ook wel, toen ik omhoogging. Tip aan jonge renners, neem nooit je moeder mee als je gaat fietsen, hahaha. Want die maakt zich ongerust en gaat vijf keer vragen of je niet in de auto wil stappen zodat jullie dan lekker samen omhoog kunnen rijden. Ik weet nog dat ik telkens zei: "Ma'ham! Ik ga door!" Maar eerlijk gezegd stapte ik op de top in omdat ik het zelf ook best link vond, zo'n afdaling. Had ik nog nooit gedaan en er zijn flinke afgronden daar, hè?'

'We keken dan wel eens naar de Tour op televisie, maar hier zag ik vooral jouw intrinsieke motivatie. Dat vond ik mooi. Dat je een spelletje met jezelf speelde.'

'Ja, maar waarom moest dat nou precies wielrennen zijn,' vroeg zijn vader zich plots af. 'Inderdaad, hartstikke gevaarlijke sport. We maakten er verder geen *big deal* van. Toen ze met z'n tweeën terugkwamen waren we binnen tien minuten voor de tent met z'n allen weer een potje Risk aan het spelen.'

'Voor mij is die Izoard altijd bijzonder gebleven. Het was mij eerste echte beklimming. Altijd speciaal als we eroverheen gingen in de Tour. Toen ik de eerste keer de Izoard op reed in het Tour-peloton had ik vooraan niks te zoeken, maar omdat het de Izoard was reed ik in het eerste peloton over de top. Dit was mijn klim.'

Toen we afscheid van zijn ouders hadden genomen en terugliepen naar het centrum van Maastricht passeerden we het braakliggende veldje waar de helikopters die zondag van de Amstel Gold Race landdden. Hij ging nog even naar het hek kijken, zocht naar de twee spijlen die vroeger iets uit elkaar stonden waardoor de jongens erdoorheen konden glippen, maar het bleek inmiddels vervangen. Hij wees naar het gebouw in de verte, dat ooit de kazerne voor buitenlandse legereenheden was. Of ik die N-weg zag? 'Die is best druk. Daaronder ligt een tunnel en door die tunnel konden die soldaten naar ons komen, zonder dat wij ze zagen. We schrokken ons kapot als er dan opeens zo'n soldaat in volle uitrusting voor ons stond en ons vertelde dat we weg moesten wezen. Duurde dan een paar dagen voordat we weer genoeg vertrouwen hadden om te gaan voetballen. Dat hier, daar verderop, daar oefende ik met mijn moeder.' Ik keek naar het straatnaambordje: WIJNGAARDSTRAAT. 'Dan kwam ik van daar en reed ik dat hellinkje af, maakte vaart en dan stond daar verderop mijn moeder, met die bidons die ze in de lucht hield.'

2

De drijfveer

Hij was aan zijn tweede jaar bij de beloften begonnen en nog steeds 'bleue', maar hij kon nu wel vaker in het spoor blijven van de sterkere renners die een paar jaar ouder waren, mannen die zulke wedstrijdjes echt wilden winnen. Hij was ongemakkelijk, voelde weinig aansluiting met ze, sommigen waren al dik in de dertig. 'De sport vond ik mooi, maar op het persoonlijke vlak voelde ik me er nog helemaal niet thuis, had echt moeite met de gebruiken en gewoontes van het peloton.'

Tegelijkertijd was het een bijzonder wereldje dat aan hem trok. Hij kon zich toch al meten met die mannen. 'Ze gingen daar echt over lijken en van die drang om te winnen, werd ik soms zelfs bang. Het bleek ook een hard wereldje te zijn, waar jongens elkaar flikten, elkaar de huid vol scholden en waar volgens mij ook het een en ander aan ongeoorloofde middelen werd gebruikt. Tegelijkertijd genoot ik van het tactische spel en kon ik in de koers vervolgens toch ook wel weer denken: ja, maar fuck you, ik ga hier niet met me laten spelen, jullie kunnen niet over mij heen lopen. Altijd behield ik die drijfveer om te presteren en mijn talent te uiten. Die drang was groter dan de weerzin tegen dat soort types. Het ene overwon het andere. Tegelijkertijd – en ik moet zeggen dat ik aarzel dit te vertellen omdat ik het niet te groot wil maken – heb ik me soms wel eens afgevraagd waarom ik per se wilde blijven wielrennen en daarin wilde slagen. Het heeft er in de kern mee te maken dat ik graag gezien wilde worden. Op school ging het me op het gymnasium heel makkelijk af, maar ik wilde op een gegeven moment dat mensen zagen dat ik ook ergens echt mijn best voor moest doen en dat het me het dan ook zou lukken. Toen ik tegen het einde van mijn loopbaan, in de periode Jumbo-Visma, in de put zat, heb ik er wel eens met een psycholoog over gesproken. Mensen, inclusief de mensen die dicht bij mij stonden zoals mijn familie en nauwe vrienden, hadden bij mij altijd het idee dat mij alles makkelijk afging en vervolgens kreeg ik minder aandacht. Er was de gedachte: bij hem lukt het toch wel. Maar het kwam me helemaal niet aanwaaien. Ik moest er ook mijn best voor doen, alleen leek het voor anderen misschien niet zo. Ik hoorde daarom nooit: "Goh Tom, dat heb je goed gedaan." Als ik met een 8 thuiskwam werd er weinig aandacht aan geschonken. Als mijn zusje met een 6 thuiskwam hing de vlag uit. Ik voelde me niet begrepen en niet gezien. Dus ik ging op zoek naar iets moeilijks waardoor ik misschien wel die aandacht zou krijgen. Ik wilde me bewijzen. Ik wilde gezien worden. Het blijkt dat personen bij wie alles vrij gemakkelijk gaat en die weinig tegenslag kennen, vaak op zoek gaan naar iets dat lastig is, om zo te laten zien dat zij ook tegenslag kunnen overwinnen. In mijn geval: dat ik mezelf staande kon houden in een moeilijke wereld die niet van nature de mijne was. De wielerwereld bleek daar voor mij perfect geschikt voor.'

Er zijn talloze voorbeelden aan te halen die onderstrepen hoe nat achter de oren hij die eerste jaren was, van hoever hij heeft moeten komen. Zoals de Ronde van Gelderland van 2007, Tom als eerstejaars junior, zestien jaar, in de kleuren van WCL Bergklimmers. 'Ik had nog nooit een koers gereden van 140 kilometer, was die dag pelotonvulling en wat er tot dan toe nooit was gebeurd, moest nu wel. In de koersjes die ik tot dan toe had gereden kregen we altijd van de kant in de bevoorrading bidons aangereikt, maar dat was bij een wedstrijd van deze lengte niet meer voldoende. Nu stonden er ook mensen van de club met etenszakken langs de kant van de weg. Dus wij komen er op een bepaald moment aandenderen en ik weet nog dat ik toen dacht: nu moet ik dus die zak zien aan te pakken, want mijn bidons zijn leeg. Ik wist inmiddels hoe je bidons moest aanpakken, maar wist ik veel hoe je etenszakken moest grijpen? Ik kom daar dus op volle snelheid aan en denk: kut, hoe dan? Ik pak die zak, maak meteen een enorme slinger en ga bijna onderuit omdat mijn stuur uit mijn hand slaat. Dus wat doe ik? Met die hand waarin ik die zak vasthoud, grijp ik mijn stuur vast. Maar wat gebeurt er dan? Ja, dan vliegt die etenszak in de spaken van je voorwiel. Ik sloeg ongelooflijk hard op mijn kloten. Ik stapte even later wel weer op, zat onder de schaafwonden, en ik probeerde terug te komen bij het peloton, maar dat lukte niet want er is bij juniorenwedstrijden geen karavaan waarachter je even op adem kunt komen en tussen de auto's kunt terugkomen. Ik was klaar.'

Aan het einde van het tweede jaar bij Bergklimmers kwam de uitnodiging om zich aan te sluiten bij PPL Belisol. De winter daarop begonnen die dunne spillepootjes te verdwijnen en boekte hij een enorme vooruitgang. Voor het eerst ging hij op trainingskamp, een week naar Mallorca. De ploeg van PPL Belisol was omgekat naar Parkhotel

Rooding, de zaken werden al iets professioneler aangepakt. Er was wat geld. Ze konden naar Mallorca. 'Ik wist niet wat me overkwam! Ik hield die trainingen wel vol, maar het ging zo hard en jóngen, zoveel had ik nog nooit getraind. Maar echt gé-wél-díg vond ik het. Na die week was ik zo naar de kloten dat ik de eerste vijf dagen daarna niet kon fietsen van vermoeidheid. Maar wat er gebeurde was dat ik sterker en sterker werd. Er kwam een paar kilo aan spiermassa bij. Ik was altijd een jongetje geweest, maar werd meer en meer een man. In een paar maanden was dat lulletje rozenwater verdwenen. Ik kreeg power in mijn benen en vanaf dat moment ging het toch wel snel. Ik werd een renner die kon meedoen op internationaal niveau, een renner die anderen pijn kon gaan doen. Ik kreeg zelfvertrouwen.'

In die periode waren Aart Vierhouten en Frank Pennings de bondscoaches van de Nederlandse beloftenploeg en zij hielden er een andere filosofie op na dan in de jaren daarvoor bij de wielerbond gebruikelijk was geweest. De nationale selectie onder-23 was eigenlijk altijd een verlengde van de continentale wielerploeg van Rabobank, waar al jaren al die talenten uit voortkwamen, zoals Robert Gesink, Lars Boom en Bauke Mollema. Die continentale ploeg van Rabobank reed altijd de mooiste en beste internationale wedstrijden, maar Vierhouten en Pennings zagen dat er nog een groep jongens net onder dat niveau zat die best baat kon hebben bij internationale wedstrijden, zoals die in de Nations Cup. 'En zij gaven de voorkeur aan renners zoals ik, boven de grote talenten die de wielerploeg van Rabobank nog wel even voor een paar dagen wilde afstaan. Niemand kende mij. Ik had echt nog geen platte prijs gereden, maar ik was op de radar van Vierhouten en Pennings gekomen nadat ik een paar weken na dat trainingskamp in Mallorca als tweede was geëindigd in een heuvelachtige wedstrijd in Wallonië. Ze nodigden mij uit voor een paar trainingsdagen op de Veluwe waar we ook de Posbank zouden gaan beklimmen. Die trainingsdagen werden afgesloten met een soort van wedstrijdje dat eindigde op de top. Het was volle bak sprinten, ik was altijd als eerste boven.'

Hij kreeg een uitnodiging om eind maart mee te gaan naar een Nations Cup-wedstrijd in Portugal. Op de startlijst onder andere Nairo Quintana, Nelson Oliveira, Ion Izagirre, Darwin Atapuma, Jarlinson Pantano en Esteban Chaves. 'In de eerste etappe in Portugal finishte ik gelijk als tweede, door met nog een paar kilometer te gaan uit het peloton te demarreren. Ik haalde in de slotfase nog bijna de vluchter terug – er moest een fotofinish aan te pas komen om te zien wie er gewonnen had. Na de tweede etappe stond ik tweede in het algemeen klassement en als afsluiting was er de volgende dag een tijdrit van 17,5 kilometer. Mijn enige ervaring op die discipline waren een paar tijdritjes die ik ooit had gereden op een gewone racefiets in de Acht van Bladel, wie kent het niet?'

Al bladerend in de ordners bij zijn ouders kwamen we een paar foto's tegen. Jong koppie, beetje pluizig haar nog, staand tussen andere rennertjes, ouders en wedstrijdorganisatoren. 1 juli 2007. Je kon zien dat het die dag fris was geweest. De Acht van Bladel, een tijdrit op een normale racefiets. Zijn moeder had als onderschrift bedacht: 'De 13,5 kilometer was eerder voorbij dan gedacht. Tom had nog over.' Hij eindigde die dag als 84ste met een eindtijd van 20,32. Gemiddeld ruim 6 kilometer per uur slomer dan Jetse Bol, die later nog even zijn teamgenoot zou zijn. Zijn vader herinnerde zich ook nog een ploegentijdrit, ergens in Friesland. 'Ik weet nog dat jij na afloop zei: "Ik begrijp er niks van, ik moest de hele tijd omkijken waar de rest bleef."'

'Kijk,' zei zijn moeder. 'Hier een jaar later, weer Bladel.' Hetzelfde parcours, Tom was meer dan 45 seconden sneller dan het jaar ervoor. Hij werd als lid van het 'District Limburg' 53e. Winnaar was Wilco Kelderman, met een gemiddelde dat iets meer dan 5 kilometer per uur hoger lag.

'Dus die tijdrit in de Nations Cup zou mijn eerste echte tijdrit worden op een echte tijdritfiets. En nog wel op het hoogste niveau dat op dat moment voor mij denkbaar was. Ik had geen idee hoe je dit moest doen, maar blijkbaar had ik een goed gevoel hoe ik op zo'n fiets moest gaan zitten en hoe ik – en dat is later altijd mijn sterke punt geweest – zo'n tijdrit moest indelen, hoe ik mijn krachten moest verdelen om zo effectief mogelijk te rijden. Ik kan nu wel zeggen dat ik een enorm gevoel voor mijn eigen lichaamskwaliteiten en -zwaktes had, maar ik wist op de een of andere manier altijd goed hoeveel kracht ik kon zetten op het ene klimmetje om het volgende klimmetje ook nog genoeg vaart te houden. Ik won die tijdrit, hield Nelson Oliveira vier seconden achter me en won ook het algemeen klassement.'

Zijn ouders zaten die bewuste middag achter de computer. Er was geen livestream of iets dergelijks. Ze zochten naar een webpagina die ze iets over de uitslag vertelde. Huh? dacht zijn vader. Eerste? Ze belden hem, maar hij zat op dat moment bij de dopingcontrole. 'We dachten: dat klopt toch niet?'

'Toen ik in Portugal reed wist ik natuurlijk helemaal nog niet welk talent ik had voor tijdrijden. Pas na een keer of drie krijg je door dat je er iets mee hebt, van nature. Die bevestiging kwam drie maanden later in de Giro Ciclistico d'Italia, de baby-Giro, in feite de Giro voor de jongere categorie, een tiendaagse etappewedstrijd. We ging er met zes jongens van de nationale selectie naartoe. Ik had nog nooit langer dan vijf dagen achter elkaar gekoerst. Op de achtste dag stond een tijdrit van 30,5 kilometer op het programma.'

Het was de eerste keer dat er sinds lange tijd weer een afvaardiging uit Nederland meedeed aan die baby-Giro. Jarenlang bleef de nationale selectie weg. Er waren er veel die hun twijfels hadden bij de eerlijkheid waarmee een deel van het peloton rondreed. Maar de nieuwe bondscoaches vonden het een goede ervaring voor ons, om dat mee te maken. Om ervaring op te doen.'

Tom en zijn teamgenoten dachten dat ze internationaal best leuk zouden kunnen meedoen, maar in die eerste dagen werden ze helemaal naar huis gereden. In de eerste bergetappe kwam hij op vijftien minuten van de winnaar aan de streep. Wat kan hij ervan zeggen? 'Tjsa... Er werd in die dagen echt nooit gecontroleerd op doping.'

De organisatie van de baby-Giro had bedacht dat het ondertussen misschien geen slecht idee zou zijn om de renners en begeleiders gescheiden van elkaar te laten overnachten. Alle renners in oude kloosters en schoolgebouwen, de staf ergens anders. In wat voor een wereld ben ik terechtgekomen, dacht Tom weer toen hij voor het eerst aan een bloedcontrole werd onderworpen. 'De volgende dag, vlak voor de start gingen twee ploegen – waaronder de Russische selectie – toch niet van start. Uiteindelijk konden wij niets klaarmaken in de ritten.'

Tot die tijdrit. Het parcours tussen Tavullia en Urbino bleek op zijn lijf geschreven te zijn. 'De hele tijd heuvel-op, heuvel-af, en veel bochten. Precies goed voor mij, maar dat begreep ik natuurlijk pas later, toen ik door begon te krijgen waar mijn kracht lag. Die was ik in deze fase nog aan het ontdekken. Ik won die middag met 11 seconden voorsprong op Winner Anacona. Maar wat denk je dat er gebeurde? Iedereen keek mij verbaasd aan. Jij, die hier elke dag honderdste wordt of zo, jij wint hier nu even de tijdrit? Hoe kan dat in godsnaam! Dat kon voor hen maar één ding betekenen. Ik werd boos joh, ja, godverdomme! Ik reed de hele week al de ballen uit mijn broek, word elke dag honderdste en nou gaan jullie míj beschuldigen? Ik vond het geen menselijke wereld.'

Zijn prestatie in de tijdrit in Portugal had al de nodige interesse van een aantal profploegen gewekt. Na de tijdrit in de baby-Giro was het duidelijk: dit was een talent. 'Maar omdat niemand mij echt kende en ik geen manager had, belden ze maar met Aart Vierhouten, de bondscoach. Die had mijn nummer wel. Het was het eerste moment dat het voor mij ook echt realistisch begon te worden dat er misschien wel een loopbaan in het profwielrennen in het verschiet lag. Dat is ook een eigenschap van mij: ik wil pas iets als het ook realistisch is. Ik ben dan misschien een dromer, maar niet op die manier. Ik droomde nooit van onbereikbare dingen.'

In de zomer waren er drie teams over die echt serieus waren: Rabobank, Skil-Shimano en Cervélo, waar Joop Alberda de technisch-directeur was – de oud-volleybalbondscoach en technisch-directeur van NOC*NSF. Jean-Paul van Poppel was een van de ploegleiders. 'Cervélo wilde na de baby-Giro niet alleen maar met mij praten, ze wilden mij hébben en ik vond dat gewoon een gaaf team, met een coole uitstraling, helemaal in het zwart, waanzinnig vond ik dat!'

Cervélo was een sterke ploeg, met de Noor Thor Hushovd, die het jaar daarvoor de groene trui in de Tour had gewonnen, met klimmer en oud-Tourwinnaar Carlos Sastre, en Heinrich Haussler die goed was in de klassiekers. En ze hadden Theo Bos, de tot wegsprinter omgebouwde baanrenner. 'Cervélo was toch wel stoerder dan Skil-Shimano, dat, met alle respect, toen toch een klein kneuterig ploegje uit de buurt van Deventer was. En ook stoerder dan Rabobank waarvan ik al snel begreep dat als ik bij hen zou komen, ze mij eerst nog een jaartje wilden laten rijpen bij de opleidingsploeg op het continentale niveau, het niveau waar ik toen al reed.'

In juni vertrok Tom in zijn eentje per trein naar Bazel voor een paar hypermoderne conditie- en inspanningstesten bij Cervélo. Zijn moeder vond dat hij zijn droom moest najagen, zijn vader had zo zijn bedenkingen: een gevaarlijke sport met een zeer kleine kans op succes, en er was natuurlijk dat dopingverleden. Hij kende de verhalen uit de krant. Maar goed, het was het leven van zijn zoon, niet dat van hem. Het was Toms keus.

Toen Tom zich na een treinreis vanuit Maastricht meldde bij het opgegeven adres stond er een data-analist op hem te wachten. Verder was er niemand van de ploeg. Zijn testresultaten uit het lab zou de ploegleiding vervolgens opgestuurd krijgen. Hij had indruk gemaakt.

Toen ook de gesprekken met Skil en Rabobank op gang waren gekomen en er serieuze kansen waren op een overstap naar de beroepsrenners, voelde hij zich nog steeds een onbekende in een vreemde wereld. 'Ik had ook nog eens het idee dat ik mijn studie gezondheidswetenschappen zou gaan afmaken. De vraag die ik dus ook aan die ploegen had was: hoe gaan we dat combineren? Leuk en aardig dat jullie vinden dat ik hard kan fietsen en ik wil ook zeker wel bij jullie hard komen fietsen, want ik wil heel graag prof worden, maar ik had nog steeds niet het idee dat dit een echte baan was. Wielrennen was mijn passie, een uit de hand gelopen hobby, niet meer dan dat. Zeker niet iets waarmee ik mijn brood zou kunnen verdienen.'

Bij zijn ouders leefde een soortgelijk gevoel, vooral bij zijn vader. Hij zag op lokaal niveau van die jongens die maar bleven proberen om prof te worden, daar alles voor opzijzetten, niks verdienden en dan vervolgens wegens 'niet goed genoeg' alsnog aan de kant gezet werden en alleen nog maar ongeschoold werk konden doen. 'Mijn vader zei ook gewoon: "Tom, misschien ben je straks niet goed genoeg, heb je alles op rood ingezet, valt het balletje op zwart en ben je achtentwintig jaar en heb je voor niks rondgefietst en kun je dan pas beginnen met studeren."'

Het verbaasde Tom dat Skil-Shimano heel positief reageerde op zijn plan om het profbestaan te combineren met die studie. 'Ik vermoed dat de leiding van Cervélo gewoon dacht: komt-ie vanzelf wel achter, dat het niet te combineren valt, hoeven we hem niet op de wijzen.'

Ondertussen was de aanstaande overstap naar de professionals nieuws geworden doordat de manager van Parkhotel Rooding in zijn enthousiasme aan de plaatselijke krant gewag had gemaakt van de interesse in een van hun pupillen. Probleem was dat Tom had gevraagd het stil te houden totdat hij eruit was, maar voor hij zijn handtekening had gezet stond in een klein bericht onder aan een pagina diep in de krant al dat Tom had getekend bij Cervélo.

‘Toen ik half augustus naar Veenendaal ging om daar de Dutch Food Valley Classic te rijden kwam ik de avond daarvoor in de lobby van Sportcentrum Papendal Merijn Zeeman tegen, die toen coach was bij Skil-Shimano en met wie ik die eerste gesprekken had gevoerd. Hij had het “nieuws” opgevangen en reageerde heel vervelend. Dat ik niet eens het lef had gehad om ze te bellen dat ik al gekozen had voor een andere ploeg. Ik stond daar, nog steeds een beetje als dat lulletje rozenwater en dacht: huh, waar heb je het over? Ik had helemaal nog geen keus gemaakt. Mijn idee was: ik bel Merijn als het zover is, wat die kranten nou hebben geschreven of niet. Dat het niet klopte, dat was toch niet mijn probleem? Maar ik kreeg me daar toch een veeg uit de pan van Merijn.’ Frank Pennings, zijn coach van de beloften, stond naast hem en probeerde Zeeman nog een beetje tot bedaren te brengen. ‘Ik vond het ongepast,’ zegt Tom, ‘om zo’n lulletje rozenwater van negentien ten overstaan van anderen zo de les te lezen en dat maakte voor mij een ding duidelijk: als ik thuiskom onderteken ik dat contract met Cervélo.’

Een paar dagen later ging de telefoon. Joop Alberda, de grote baas, aan de lijn. Hij had slecht nieuws. Het team zou aan het einde van het jaar ophouden te bestaan. ‘Het verhaal drong niet tot me door. Ik was totaal uitgeschakeld. Toen ik ophing begon ik te janken. Jongen, ik had me hier zó op verheugd. En precies op het moment dat ik eraan gewend begon te raken dat ik prof zou worden bij deze gave ploeg kreeg ik deze klets op mijn gezicht. Hier kwam de realiteit. Bam.’

Omdat Skil was afgevallen bleef er nog maar één optie over: Rabobank. Hij tekende een tweejarig contract, tegen betaling van 7500 euro bruto per jaar. Vanaf 2011 reed hij voor hen. Op 1 december 2010 ontmoette hij zijn nieuwe ploeggenoten voor de eerste keer, tijdens de ploegpresentatie in De Efteling. Omdat de renners van de opleidingsploeg ook aan de pers werden gepresenteerd stond hij daar tussen Oscar Freire, Denis Mentsjov, Lars Boom en Robert Gesink op het podium. Allemaal fotografen en cameraploegen eromheen. 'Ik geloofde gewoon niet dat ik hierbij hoorde. Ik studeerde nog op de universiteit en dit stond daar zo ver vanaf. Hoe moest ik dit allemaal gaan uitleggen?'

De overstap van Parkhotel Rooding was groot. Alles om hem heen was nu gericht op professioneel wielrennen, op winnen. Dit was een wielerbedrijf, waar mensen werkten voor de renners, die koersen moesten gaan winnen en voor wie dit hun leven was. 'Ik wist helemaal niet dat dit een leven kón zijn. Een paar jaar eerder was ik nog met mijn moeder aan het oefenen hoe ik een bidon moest aannemen en nu stond ik op hetzelfde podium als Oscar Freire, drievoudig wereldkampioen.'

Het seizoen liep uit op een teleurstelling. Tom had het niet naar zijn zin in de ploeg, waar de jonge renners 'net een stel wijven bij elkaar waren'. Best af en toe ook wel lachen, gieren, brullen met al die extraverte types die er deel van uitmaakten, maar Tom zag dat niemand in de koers iets voor een teamgenoot overhad. 'Ze wilden allemaal naar de profs toe en het was dus flikken of geflikt worden.'

Van grote invloed op zijn lichamelijk gesteldheid en dus zijn prestaties was de grotere trainingsomvang die hij bij Rabobank moest gaan draaien. Bij Parkhotel deed hij alles zelf en op gevoel, nu legde de ploeg hem een schema op en trainde hij 50 procent meer dan het jaar ervoor. Dat bleek te veel. 'Ik was toen niet – en later trouwens ook niet – een renner die onafgebroken kon trainen. Ik werd vaak ziek bij Rabobank, gewoon omdat mijn lichaam het allemaal niet aankon. Het ging op slot. Mijn lichaam zei: als jij niet luistert, dan doe ik vanaf nu gewoon niks meer. Dat gebeurde dat jaar een keer of vijf. We reden gewoon te hard voor mij.'

Hij had meer decompressietijd nodig, meer tijd voor herstel. Hij was geen diesel die in weer en wind kon blijven buffelen. Maar omdat hij dat nog niet wist begon hij zichzelf telkens na een zware koers te snel weer te belasten. 'Kwam ik vervolgens weer in de shit terecht.' Hij reed dat voorjaar volgens eigen zeggen gewoon slecht, prof-onwaardig. Laat die jongens nou gewoon lekker fietsen en hun gang gaan in de koers, dacht zijn moeder in die tijd vaak.

Vanaf mei had Tom het gevoel iets beter te presteren, maar raakte zijn vooruitgang een beetje ondergesneeuwd door de prestaties van Wilco Kelderman, het grote talent van die dagen, en Jetse Bol, die Olympia's Tour won. 'En dus vonden ze mij die zomer nog niet klaar voor een overstap naar de World Tour-ploeg. Ik zou nog een jaar moeten rijpen. Ze hadden ook het gevoel dat ik iets te nonchalant was. Zo kwam ik ook vaak over op mensen, hoewel ik dat niet ben. Eindoordeel: die jongen is nog niet klaar voor de laatste stap, nog een jaartje in de beloftenploeg zal hem goed doen.'

Hij snapte Rabobank op zich best, hij was in 2011 niet 'dat speciale geval', kon geen sprankelende prestaties overleggen, maar belangrijker: hij had het niet zo naar z'n zin. Hij voelde: als ik hier nog een jaar blijf gaat het hem niet worden. Op dat moment klopte Merijn Zeeman weer aan, als enige. Zeeman liet Tom tussen neus en lippen door weten dat hij besefte dat ze een jaar daarvoor samen een slechte start hadden gemaakt. Hij vroeg of ze toch niet nog een keer konden praten. Op 20 juli 2011 maakte Skil-Shimano bekend dat ze Tom Dumoulin hadden vastgelegd, voor twee jaar. Tegen een jaarsalaris van 23.000 euro. 'Geen vetpot, maar dit was in elk geval serieus. Ik was nu een echte profrenner.'

Ondertussen was hij al gestopt met zijn studie.

3
Val

We zijn ruim op tijd op Schiphol. De vlucht naar Barcelona vertrekt nog lang niet, maar omdat de horrorverhalen over lange rijen bij incheckbalies en fouilleersecties genoegzaam bekend zijn, hebben we er op de dag dat we naar Andorra reizen voor gekozen het zekere voor het onzekere te nemen. Het blijkt paniek om niks. Zonder noemenswaardige opstoppingen passeren we alle beambten die in geval van drukte voor oponthoud hadden kunnen zorgen. Na de bodyscans en het gesnuffel in rugzakken stuiten we toch nog op een onverwachte hindernis: het lint wachtende mensen voor de balie van de van origine Amerikaanse koffieverkoper. 'Ik ga daar niet in die rij staan,' zegt Tom. We proberen een andere koffiekiosk. Zelfde gedonder. We sluiten alsnog aan in de rij van de eerste. Na twintig minuten krijgen we onze bestelling. Ik zoek een plek om te zitten en brand mijn lip aan de te hete koffie. Tom zoekt een plek om zijn telefoon op te laden.

Jarenlang vertelde hij in elk interview dat hij arts had willen worden, min of meer zijn vader achterna die jarenlang het hoofd was van het IVF-laboratorium van het ziekenhuis van Maastricht, en dat hij haast per toeval op dat zadel was beland. Kort gezegd komt het hierop neer: hij heeft zijn studie opgegeven omdat hij niet kon studeren wat hij wilde, omdat de universiteit wel zei dat de combi topsport-studie mogelijk was, maar het in werkelijkheid geen doen bleek. Niet alleen omdat hij bij Rabobank langer en harder had moeten trainen en hij vaak doodmoe was, ook de studie zelf verschafte hem geen plezier. 'Het was gewoon heel kut. Ik was uitgeloot voor Geneeskunde en had me ingeschreven voor Gezondheidswetenschappen, maar dat vond ik gewoon niet leuk. Veel te breed. Je kreeg van alles wat. Beetje van dit en een beetje van dat. Het menselijk lichaam boeit mij enorm. Hoe dat functioneert en wat er daarbinnen allemaal gebeurt. Maar dat Gezondheidswetenschappen ging 90 procent over andere zaken, zaken die ik een stuk minder interessant vond.'

De vraag is of zijn leven anders was gelopen als hij had moeten kiezen tussen een carrière als wielerprof of een leven als student geneeskunde. 'Had gekund. We zullen het nooit weten, hè? Maar alle deuren naar het wielrennen stonden vanaf dat moment in elk geval open.'

Dat profleven begon op 19 februari 2012 in Zuid-Spanje met de proloog van de Ruta del Sol. Zes kilometer man-tegen-klok in San Fernando. 'Ik was gespannen de avond voor het begin,' zegt Tom als na een paar minuten stijgen de stoelriemen in het vliegtuig losgekoppeld mogen worden.

In de voorbereiding op zijn eerste seizoen bij de inmiddels tot Argos-Shimano omgedoopte ploeg ging het goed. Hij leefde op van de kleinschaligheid van de ploeg en ook de samenwerking met coach Merijn Zeeman verliep prima. Ze bleken het goed met elkaar te kunnen vinden, de jonge prof en de jonge coach. Zeeman gaf hem gereedschap om beter te worden en liet hem autonoom zijn. 'Omdat Merijn alle renners begeleidde zat hij niet boven op me. Vond ik heel prettig.'

Op het eerste trainingskamp ter voorbereiding op het seizoen 2012 kon hij leuk mee met de beste renners van de ploeg. Hij voelde dat hij beter was dan de meeste jongens die daar reden. 'En dat ik bergop met de beste vijf meekon gaf me helemaal vertrouwen.' Hij wist: dit gaat hier wel goed komen.

Bij de ploeg hadden ze in die tijd nog geen uitgesproken plannen met hem. Hun speerpunt waren de wedstrijden waarin de kans het grootst was dat de winst uitgemaakt zou worden in een massasprint. Ze hadden twee grote troeven in dienst: de Duitsers Marcel Kittel en John Degenkolb. Kittel had in 2011 tijdens de Vuelta zijn eerste sprintzege in een grote ronde voor de ploeg geboekt. Tom reed het 'andere programma', zoals dat in wielerjargon heet. 'Ik kreeg een plek in de luwte, wat wel zo prettig was. Ik wist dat ik goed kon tijdrijden en ik kwam de heuveltjes aardig over, dus mijn aandacht richtte ik op het Limburgse werk, zeg maar, de Ardennen, de kleine meerdaagse rondjes. Ik had nog nooit in het hooggebergte gereden en voor massasprints was ik niet brutaal genoeg.'

De avond voor de proloog van de Ruta del Sol deed hij aanvankelijk geen oog dicht. Yukihiro Doi, zijn Japanse kamergenoot, snurkte als een dokwerker. Tom vond het eigenlijk belachelijk dat volwassen kerels, die de volgende dag op hun prestaties werden afgerekend, een hotelkamer moesten delen met een soms wildvreemde die toevallig je ploeggenoot was. Die ploeggenoot kon snurkend je nachtrust verstoren en dus van negatieve invloed zijn op je prestaties. 'Ik had Yuki al een paar keer lichtjes aangetikt, maar nadat hij zich had omgedraaid, begon het snurken weer. Ja, toen begon ik toch wel een beetje in paniek te raken, dacht: ja, fuck, dit trek ik niet. Na nog een paar pogingen die niets uithaalden sloeg ik hem op een gegeven moment met een kussen. Daarna deed ik snel of ik sliep. Hij had dat natuurlijk wel door, zei niks, maar de volgende morgen was hij ontzet – en dat liet hij mij ook weten. Yuki was zeven jaar ouder dan ik en hij kwam uit Japan waar de samenleving hiërarchisch is. Wij kunnen hier in Europa dan wel heel leuk en amicaal met elkaar omgaan, maar in Japan is dat *not done*. Ik was het broekie dat net kwam kijken. "Tom," zei hij, "dat van vannacht was respectloos." En hij had gelijk. Ik was egoïstisch geweest, dacht alleen maar: morgen is de belangrijkste dag uit mijn leven, jij ligt te snurken en dat moet ophouden. Veel verder dan dat kwam ik niet.' Tom grinnikt, maar lijkt het te menen. 'Dit is een mooi moment om Yuki nogmaals mijn excuses aan te bieden voor mijn gedrag van toen.'

Op zijn eerste wedstrijddag als beroepsrenner merkte hij dat hij in staat was om de onrust en paniek van de nacht van zich af te zetten. Hij realiseerde zich dat hij niks meer aan de situatie kon veranderen en dat er niks anders op zat dan zijn best te doen. 'Denken dat je kut had geslapen zou je tijdrit niet verbeteren.' Hij noteerde een negende tijd, was precies even snel geweest als het wonderkind Wilco Kelderman van Rabobank. Vier dagen later eindigde hij als zesde in het algemeen klassement. Beste Nederlander.

'Ik kan me aan de voorkant van een belangrijke dag heel druk maken. Over elk detail dat je kunt verzinnen kon ik twijfelen, maar als de dag zelf was aangebroken dan deed ik dat niet meer. In de nacht heb ik altijd nog het idee dat ik controle heb over de situatie, dan denk ik dat ik er nog invloed op heb, of ik een goede of slechte nacht heb. Dan zijn er nog opties. Maar direct als ik wakker word weet ik: er zijn geen opties meer, ik kan er nu niks meer aan veranderen. Dit is het. En opmerkelijk genoeg voelde ik me dan ook goed. Ik zag vaak renners die op de dag zelf juist in de stress schoten, die blokkeerden tijdens de tijdrit en vervolgens bochten verkeerd instuurden. Bij mij was de aanloop nooit leuk, maar op het moment suprême kon ik dat allemaal laten gaan, dan maakte niks meer iets uit, dacht ik niet meer aan de minuut die was geweest of aan de minuut die zou komen. Ik was zen. Ik was natuurlijk wel nerveus en een uur voor de start kon ik héél nerveus zijn, maar dat was anders. Dat was de nervositeit van de aanstaande gebeurtenis. Dat je wist dat je pijn ging lijden, dat je hoopte dat het allemaal goed zou gaan. Een heel ander gevoel dan het "ik-zou-er-nog-wat-aan-kunnen-veranderen-maar-wat-dan?-nerveus-zijn". Op de dag zelf kon ik in mijn cocon kruipen. Dit was wat het was. Nu moest ik gewoon de dag volgen zoals die zich aan zou dienen. Ik realiseerde me later dat het absoluut een kwaliteit van me was dat ik daartoe in staat was.'

Hij reed de eerste maanden als World Tour-prof allerlei verschillende soorten koersen: rondjes als Criterium International (43e) en de Ronde van Luxemburg (5e), grotere etappekoersen zoals de Tour of California (23e) en eendaagse klassiekers als de Ronde van Vlaanderen (DNF*), de Amstel Gold Race (46e) en Luik-Bastenaken-Luik (DNF). Het was een ontdekkingsjaar, maar de ploeg begon al snel voor hém

* Did Not Finish

te rijden, andere renners hielden hem uit de wind zodat hij energie kon sparen in de wedstrijden. Hij was een van de weinigen in de ploeg die in staat bleek voor een klassement te rijden, zoals hij had laten zien in de Ruta en later in Luxemburg.

In zijn eerste seizoen was de Tour de France het grote doel voor de ploeg. Nadat ze in 2009 hadden gedebuteerd op het grootste toneel, hadden ze in 2012 voor het eerst het idee dat ze ertoe deden. Ze zetten alles op Kittel. In de Ronde van Spanje, later dat jaar, reed de ploeg voor John Degenkolb. 'En omdat ik goed kon tijdrijden en een grote fysieke motor had, mocht ik mee naar Spanje. Ik vond de Vuelta geweldig. Ik was met de ploeg op pad in het buitenland en ik genoot op de sprintdagen van de adrenalineroes in de finale richting de massasprint. Maar ik moet toegeven dat ik in die laatste drie kilometer altijd wel een beetje bangig werd als renners in beesten veranderden.'

De ploeg boekte succes in Spanje. Degenkolb won drie keer in de eerste week. Tom keek zijn ogen uit, zoog als een spons de informatie op, leerde de basisbeginselen en de dynamiek van de koers. Hoe werden de belangen gevormd? Hoe vormde je onderling bondjes? Hoe kwam je in de vroege ontsnapping terecht? Les: zorg dat je met frisse benen in een kopgroep belandt zodat je niet direct gelost wordt als de finale begint. Allerbelangrijkste les: degene die het hardste fietst is niet de beste wielrenner. 'Ik leerde hoe je gebruik kon maken van de bewegingen van het peloton, hoe je mee kon surfen op die golven. Ik merkte dat ik daar wel een neusje voor had. Het peloton rijdt gewoon te hard om onzorgvuldig met je krachten om te springen. Je moet doseren. Je moet goed kunnen manoeuvreren, zodat opschuiven geen kracht kost en je niet onnodig in de wind rijdt.'

Op de dagen dat iedereen wist dat een massasprint uitgesloten zou zijn, omdat het parcours die dag te grillig was, liet de ploeg hem vrijuit fietsen. Vooraf aan de achtste etappe, die startte in Lleida en finishte in Andorra, nam Zeeman hem apart. 'Hij pushte mij niet, maar zei wel: "Laat maar zien wat je kunt." En daar had ik zin in.' Maar hoewel hij redelijk in vorm was, werd hij al snel gelost op de voorlaatste klim van de dag. Hij zat niet bij de eerste zestig die aan de afdaling begon.

Hij klom die dag redelijk goed, maar het gevoel dat hij had gehad in de dagen voor het begin van de Vuelta, in de Ronde van Burgos, was verdwenen. Hij weet nog dat hij achter Frederik Kessiakof van Astana reed, een Zweed met een mountainbikeverleden en dus een goede daler. 'Ik was dat nog niet. Ik was gewoon gemiddeld.' Na de afdaling zouden ze in de vallei terechtkomen en in een vallei moet je nooit alleen komen te zitten als renner, tenzij je alleen aan kop rijdt en kunt winnen. Anders ben je reddeloos verloren en verlies je terrein op de mannen die voor je rijden. In een vallei komt de wind van achteren of van voren en dan ben je in je eentje altijd in het nadeel. 'Dus ik sprint uit die haarspeldbocht om op dat rechte stuk erna in te lopen op Kessiakof.'

Er kwam een bocht naar links, die schatte Kessiakof verkeerd in. Hij had een flauwe bocht verwacht maar kreeg een scherpe doordraaier voor de kiezen. Kessiakof kon hem nog maar net houden, die bocht. Tom was te laat en wist dat hij het nooit zou halen. 'Ik had meer snelheid dan hij en voor mij was het: ik stuur in en ik schuif onderuit, of ik probeer hem te houden. Het lukte allebei niet. Ik ben gewoon rechtdoor gereden, knalde tegen de vangrail, sloeg over de kop en ben vijf meter dat ravijn in gekukeld. Ik klauterde na de crash zelf omhoog en ging op de vangrail zitten, voelde toen de pijn. Toen ik omlaag keek: overal bloed. Echt veel bloed. Ik keek nog iets beter. Mijn buik lag helemaal open. Ik had er mijn hand zo in kunnen stoppen, zo groot was de wond. Ik zag mijn darmen.'

Zijn stem wordt zachter. Hij zegt dat het trauma nog een beetje voelbaar is, al die jaren later, zelfs nu hij is gestopt. 'Ik merk dat ik het best wel moeilijk vind om het hierover te hebben.' Hij stopt heel even met praten. Ik vertel hem dat dit verhaal nieuw is voor mij. 'Is ook nauwelijks iets over geschreven.'

Niet verwonderlijk, het waren de hoogtijdagen van Robert Gesink, Laurens ten Dam en Bauke Mollema. Wie was Tom Dumoulin toen? 'Toen ik op het asfalt lag voordat de ambulance kwam, heb ik een paar momenten gedacht: ik ga dood. Dit was het. Ik dacht ook: ik zou nog wel even de kans willen krijgen iets tegen mijn ouders te zeggen. Ze zeggen dat ik van ze hou.'

4

Tour

We vliegen op kruissnelheid kilometers boven Frankrijk. De piloot vertelt welke steden we links en rechts van ons kunnen zien, hoe warm het beneden is en hoe koud hierboven. Daarna gilt de purser dat hij hoopt dat we genieten van onze tijd aan boord van dit krap bemeten vliegtuig. Tom rolt met zijn ogen. Zijn verhaal over zijn eerste Tour de France wordt ruw onderbroken door de onvermijdelijke barrage aan mededelingen over taxfreesigaretten, parfums, speelgoedbeesten, luxe chocolade en gevulde koeken bij de oploskoffie. Gelukkig is het straks in Spanje mooi weer.

Hij had ontzettend naar zijn eerste Tour de France uitgekeken. Hij wist dat ze je in het profpeloton pas echt een wielrenner vinden als je ten minste één keer de Tour hebt gereden. In zijn ploeg was er in 2013 één ster: Marcel Kittel. En Argos-Shimano had daarom één hoofddoel: massasprints winnen. 'Niemand van ons kon aan Marcel tippen. Wij zaten niet één trapje lager, we zaten niet eens víjf trapjes lager. Toen wij dat jaar naar de Tour gingen was Marcel al de beste sprinter ter wereld. Ik was het buitenbeentje van de ploeg, als renner. Kijkend naar mijn ervaring, mijn leeftijd en mijn kwaliteiten.'

Tom was een van de negen renners die Argos-Shimano had meegenomen naar Corsica. Zeven van hen waren speciaal voor de sprinttrein geselecteerd. Naast krachtpatser Kittel waren dat John Degenkolb, Koen de Kort, Johannes Fröhlinger, Albert Timmer, Roy Curvers en Tom Veelers, die als laatste de lead-out deed voor Kittel. De twee andere renners waren Tom en de Duitser Simon Geschke. Opmerkelijk detail: Tom reed dat seizoen tussen Porte Vecchio en Bastia voor het eerst dat jaar met Kittel in de ploeg. Hij was niet eens met ze mee geweest op hoogtestage in de Sierra Nevada en ook de testsessies die ze op een racecircuit aflegden deden ze zonder Tom.

Hij was gespannen in de dagen voor de eerste etappe. 'Dit was de Tour, die toch zeker tien keer zo groot bleek te zijn in omvang dan alle andere koersen die ik had gedaan. Meer publiek, meer media, ik kreeg heel veel reacties binnen op mijn telefoon, van mensen die de koers hadden gezien, die reageerden als ik snel een interviewtje had gegeven na afloop of vooraf. Ik bedoel, in april reed ik in Noord-Frankrijk nog het Circuit Cycliste Sarthe. Niemand die dat echt kon schelen verder. Deze Tour was spannend voor ons omdat we een groot en realistisch doel hadden: die eerste sprintetappe winnen met Marcel. Winnen in Bastia betekende automatisch dat Marcel de gele trui uitgereikt zou krijgen, de heilige graal in het wielrennen.'

De stress zat er goed op. Alles moest nu perfect, alles werd gedubbelcheckt en hij zag aan Kittel wat druk met je kan doen. De wetenschap dat elke pedaalslag raak moest zijn kon renners bloednerveus maken. Hoe leuk en open sommige jongens ook zijn in hun normale doen, ze kruipen in stresssituaties in hun cocon, interesseren zich niet meer voor hun omgeving. Ruimte voor een ontspannen gesprek is er niet meer.

Tom had daar in 2013 nog geen last van. Hij voelde zich lekker, vond het ook allemaal spannend, maar ervaarde aan de zijlijn geen druk. 'Ik zou doen wat ik kon, maar voelde me niet verantwoordelijk voor het welslagen van het doel. Ik deed zeker mijn best en kon ook wel nerveus zijn, maar omdat ik niet het hele jaar met dit ene doel bezig was geweest had ik geen last van stress.' De werkwijze was helder voor hem. Het was zijn taak om de anderen uit de wind te houden, zodat zij gedurende de etappe energie konden sparen. 'Ik deed dat vaak samen met Albert. Op ongeveer vijftig kilometer voor de finish zouden we met z'n allen onze plek innemen en vanaf dat moment als een treintje achter elkaar rijden. Na Albert was het mijn beurt om het gas open te draaien. Meestal begon ik daar tien kilometer voor de finish aan. Ik moest dan vervolgens het tempo tot ongeveer drie kilometer voor de streep hoog houden. Daarna namen de anderen het over en hielden ze één voor één het tempo zo hoog zodat er geen succesvolle demarrages vanuit het peloton konden komen en Marcel als het ware door Tom Veelers perfect afgezet kon worden op 150 meter voor de streep zodat hij zijn machtige krachtexplosie kon laten zien.'

In Bastia ging het zoals ze hadden gehoopt. Kittel won de etappe en kreeg de gele trui uitgereikt. Tom zag dat dat voor de ploeg een heel speciaal moment was. 'Ze waren ooit dat kleine kutploegje dat in 2009 zijn Tour-debuut had gemaakt en waar lacherig over werd gedaan – onder anderen Koen, Simon en Albert reden toen ook al – en nu wonnen ze. Ik vond het geweldig en het was fantastisch, maar ik merkte dat ik die ontlading niet echt voelde zoals de anderen, waar het echt een uitbarsting van vreugde was. Ik was daarvoor te veel bevangen door de Tour zelf, liep nog een beetje bleu rond. Die zege had toen voor mij niet de grootsheid die het voor die anderen had. Dat gevoel dat ze toen hadden snap ik nu veel beter. Ik snap wat druk met je doet en hoe groot de ontlading kan zijn als het dan lukt. Maar in Corsica had ik nog geen idee.'

Niet dat er iets mis was met zijn instelling. Natuurlijk, het was allemaal superleuk, tof en spannend, maar hij was zeker geen hobbysporter. 'Ik was echt wel bezig met maximaal presteren. Er waren genoeg nachten dat ik slecht sliep vanwege de nervositeit. Ik merkte dat in een *ratrace* zat en op zulke momenten is de vraag of iets "leuk" is irrelevant. "Leuk" doet er totaal niet meer toe. Je zoiets afvragen is zelfs niet wenselijk. Je moet presteren. In de Tour gaat het er helemaal niet om of het leuk is of niet, dat is iets voor ná de Tour.'

In die eerste dagen in Frankrijk voelde hij dat hij een plek had in het peloton, dat hij het fysiek aankon en dat hij zich er kon handhaven. De definitieve bevestiging van dat gevoel kreeg hij op de tiende dag van de Tour: de dag van de tijdrit naar Le Mont-Saint-Michel. 'Ik verkende die tijdrit nog op een manier die het beste te omschrijven valt als "kijken hoe de vlag erbij hangt". Ik moest hier mijn gevoel nog leren kennen en pas later kon ik dat omzetten en gebruiken voor het protocolleren van de voorbereiding. Ik deed deze verkenning zelf, weet ik nog, met een auto erachter waarin de coach voor zichzelf een aantal zaken opschreef die hij mij tijdens de tijdrit wilde vertellen. Hij coachte mij. Sprake van een echte samenwerking was er nog niet. Het was veruit de grootste tijdrit die ik tot dan toe had gereden, als je keek naar de kwaliteiten van mijn tegenstanders. Ik eindigde als

9e. Tony Martin, de wereldkampioen tijdrijden, won voor Chris Froome, die dat jaar zijn eerste Tour zou winnen. Ik was sneller geweest dan Michael Rogers, David Millar en Cadel Evans, de wereldkampioen van 2009 die ik in 2011 op de televisie de Tour had zien winnen. Iwan Spekenbrink, de baas van de ploeg, was na de tijdrit buiten zinnen van vreugde. Hij leek oprecht vaderlijk trots. Hij prees mij de hemel in en ik zag aan hem dat hij dacht: verdorie, dat jonge menneke staat hier wel maar even in de top 10 in zijn eerste Tour. Als ik aan dat beeld van Iwan terugdenk was dat een mooie manier om zijn waardering voor mij uit te spreken.'

Toen de renners tien dagen later aankwamen in Parijs, en Kittel zijn vierde en laatste etappe won, was Tom moe maar niet doodop. Hij was niet naar de kloten toen hij na een bergetappe met Roy Curvers en Koen de Kort aan tafel zat en zij spraken over de pijn die ze op dat moment in hun benen voelden. 'Ik zat ook op een stoel,' zegt Tom. 'Ik voelde niks. Als ik liep wel, maar zittend? Dat soort pijn kende ik toen niet, en later ook niet.'

5

De andere kant

In 2014 voelde Tom zich meer en meer op zijn gemak in de Tour de France en kon de ploeg het succes van 2013 doortrekken. Hij genoot van het enthousiaste Engelse publiek, van de vier etappezeges van Kittel en de jaloezie onder de ploeggenoten omdat Kittel in Harrogate, waar de eerste etappe finishte, naast de Engelse prinses Kate Middleton op het podium had mogen staan.

Ondanks het ploegsucces was dit niet het einddoel voor hem. Dit was niet waarom hij ooit serieus was doorgegaan met wielrennen na de eerste jaren met Harry Riem, de familie Harings en de bidonoefensessie met zijn moeder. Hij begreep dat sommige teamgenoten blij waren, tevreden omdat zij zich identificeerden met de sprinttrein. Maar voor hem was die sprinttrein een tussenstation. 'Ik deed dat werk heel graag, maar ik vereenzelvigde mezelf niet met die sprinttrein. Ik was er te gast.'

Als hij in die dagen vooruitkeek, zag hij zichzelf deel uitmaken van de wereldtop in het tijdrijden, dat was zijn grootste kwaliteit, daar maakte hij onderscheid. In de Tour van 2014 finishte hij een keer als tweede achter Tony Martin, op dik een minuut achterstand na 54 kilometer. Hij dacht: met een goede tijdrit zou ik in de toekomst op gezette tijden mee kunnen doen om de zege in de kleine meerdaagse rondes, en af en toe zou ik in staat moeten zijn een etappekoers als de Eneco Tour op mijn naam te schrijven. 'Verder had ik het idee dat ik een renner was die misschien ooit ergens een losse etappe zou kunnen winnen.'

Toen hij eind 2014 in Canada meedeed aan de Tour of Alberta, won hij die nog bijna door een goede proloog in Calgary. Hij verspeelde op de slotdag de leiding en finishte daarna in de laatste twee grote eendaagse World Tour-wedstrijden van het jaar als tweede (GP Quebec) en zesde (GP Montreal). Die momenten in Noord-Amerika markeerden voor hem de laatste dagen waarin er nauwelijks druk van buitenaf was geweest. Altijd had hij ervan genoten om te koersen in landen waar het wielrennen iets anders voorstelde dan in Europa. Hij voelde zich in Australië, Hong Kong of Noord-Amerika toch altijd een beetje de toerist. 'Na zo'n wedstrijd is er altijd wel ergens een afterparty, wat na een koers in Europa nooit voorkomt, omdat iedereen zich na de finish als de wiedeweerga uit de voeten maakt. Na de Eneco Tour ga je niet met een paar collega's of renners van een andere ploeg naar het café in Dokkum. In de Ronde van Zwitserland heb ik nog nooit met renners van andere ploegen aan de bar gestaan. Maar bij overzeese wedstrijden is er ruimte voor een feestje omdat niemand meteen terug naar huis kan. Bovendien is er daar ook niemand die over je schouder meekijkt, er is nauwelijks media, het gewone volk kent je niet en dat zorgde altijd voor ontspanning. Je kon nog eens gewoon gezellig een beetje dronken worden als je de stad in ging. Ik was geen hobbysporter, maar dichter bij de hobbysporter zou ik ook nooit meer komen. In Canada was ik voor het laatst echt op jongetjesavontuur.'

In 2015 veranderde er veel. Die tweede plaats in Quebec en het brons later op het WK tijdrijden in Ponferrada luidde eind 2014 een nieuwe fase voor hem in. Hij werd belangrijker voor de ploeg en dus selecteerden ze hem vanaf dat jaar voor belangrijker wedstrijden waar meer tv en andersoortige media op af zouden komen. Koersen op de prairie van Alberta waren voorgoed voorbij. De Tour zou dat jaar in Utrecht starten en daar lagen kansen in de proloog. Het geel lonkte voor hem.

In de aanloop kwam hij in het vroege voorjaar voor het eerst de harde, economische werkelijkheid van de koers tegen. Voor de Tour van 2015 had de ploegleiding het een wijs besluit gevonden om Kittel niet te selecteren. Hij was overtraind geraakt, door de druk van de ploeg en de verwachtingen van fans en sponsors die op hem rustte na al die zeges in 2013 en 2014. Iedereen wilde wat van hem. 'Logisch dat hij niet in vorm was. Ik had hem vanaf de winter zien worstelen. Zijn omgeving zette Marcel onder druk, de verwachtingen groeiden razendsnel en Marcel is niet iemand die in zo'n stressvolle omgeving optimaal tot zijn recht komt. Hij moest de hele tijd van hot naar her vliegen, overal opdraven voor promotionele zaken voor sponsors waardoor Marcels sportieve voorbereiding in het gedrang kwam. Hij ging zich in die periode afvragen: wie ben ik als renner? Hoe ga ik deze nieuwe werkelijkheid vormgeven? Marcel reed vervolgens een slecht voorjaar en won amper een sprint. Er waren periodes waarin hij zijn fiets nauwelijks aanraakte.'

Op een trainingskamp in de Sierra Nevada had Kittel in een soort wanhoopspoging in korte tijd veel te veel getraind. Het was er snoeiheet. 'Op een van die dagen raakte Marcel oververhit, wij zijn toen samen op een rustig tempo terug naar boven gereden, via een andere weg dan de rest van de ploeg. Dat bleek een steil geitenpad te zijn. Marcel kwam niet meer vooruit. Hij zag op zeker moment een beekje en riep: "Tom, wij gaan even stoppen!" We legden onze fietsen neer en zijn samen in die koude beek gaan liggen. Hij echt op zijn Marcels, blote bast en zo heerlijk theatraal.'

Het hielp allemaal niet, Kittel kwam dat jaar niet vooruit. De ploeg besloot hem voor de Tour niet te selecteren. Tom vond dat onterecht. 'Echt, die gast heeft zoveel betekend voor de ploeg in de jaren daarvoor, alle prijzen, alle roem en alle sponsors – zoals Alpecin – hadden ze aan hém te danken en aan niemand anders. Ze hadden moeten zeggen: "Marcel, we houden die plek voor je beschikbaar." Ik weet zeker dat hij dan in Frankrijk nog een rit had gewonnen, want dat vertrouwen had hem heel hard laten rijden, daar ben ik van overtuigd.'

Het was de eerste echte knauw die Tom kreeg. Hij knapte af op het wielerwereldje. De menselijke maat leek hem ver te zoeken. 'Voldoe je even niet, dan huppetee, afscheid nemen en weg. Het ging allemaal om het snelle rendement. Maar je hebt met mensen te maken, hè? Mensen hebben gevoelens. Je kunt ze toch vertrouwen geven in periodes dat het wat moeizamer gaat? Dat zou op langere termijn ook rendement moeten opleveren. Maar in de kern zou het daar zelfs niet om moeten gaan. Kijk je er heel koud naar dan kun je niet anders stellen dan dat Marcel, die superveel voor die ploeg heeft betekend, meer vertrouwen van ze had verdiend.'

Tom had dat jaar een doel: winst in de proloog van de Tour de France in Utrecht. Om zo sterk mogelijk voor de dag te komen had hij met succes geprobeerd spiermassa toe te voegen aan zijn lichaam. Ruwe power, zodat hij die 13,8 kilometer door de straten van Utrecht zo snel mogelijk kon afleggen. 'Ik lette niet meer echt op mijn eten. Het ging mij om die ene dag, om die trui in Utrecht. Hoe vet zou dat zijn?'

Een maand voor de start in Utrecht verbaasde hij de wielervolgers in de Ronde van Zwitserland. Hij had een goed trainingskamp afgewerkt in de Sierra Nevada, en in Zwitserland kon hij zich die negen dagen durende ronde goed staande houden tussen de klassementsrenners. Hij eindigde, na onder andere een goede etappe naar de finish op de Rettenbachferner en winst in de afsluitende tijdrit, als derde in het algemeen klassement, achter eindwinnaar Simon Spilak (Katusha) en Geraint Thomas (Sky). Hij voelde dat er steeds meer ogen zijn richting uit keken als wielerkenners zochten naar mogelijke winnaars. Hij had op het WK in Ponferrada al brons gewonnen op de tijdrit – achter Bradley Wiggins en Tony Martin – en in de Ronde van het Baskenland won hij in april 2015 de proloog en de afsluitende tijdrit. Voor het eerst voelde hij de druk van het moeten en besefte hij dat hij in Nederland de grote man was geworden. Het ongedwongen kennismakingsstadium van 2013-2014 was voorbij. 'Dit was dus wat Marcel al die jaren moest hebben gevoeld en nu was het aan mij.'

In de aanloop naar de proloog in Utrecht kwam hij niet meer los van die druk. 'Ik was dat doel geworden. En als ik er zelf niet aan dacht, dan was er altijd wel iemand anders die me weer in dat gevoel trok. Ik werd constant aan die proloog herinnerd, omdat de ploeg dit natuurlijk ook als groot doel had voor 2015. Dus iedereen wilde dat alles klopte en iedereen begon zich meer en meer met mij bezig te houden. "Zullen we het *pacing-plan* nog een keer doornemen, Tóm?" "Heb je goed geslapen, Tóm?" "Hoe denk je hier over, Tóm?" "Hoe denk je daar over, Tóm?" "Tom, zullen we het anders misschien toch maar zo doen?" Ik werd daar helemaal gestoord van. Mijn natuurlijke reactie was: ik ga het voor mezelf gewoon minder belangrijk maken – joh, dit is maar een van de vele tijdritten dit jaar. Maar aan mijn omgeving – ploeg en media – merkte ik natuurlijk dat dit niet zomaar een tijdrit was. Dit was de proloog van de Tour, ons hoofddoel, en we – ik – wilden die gele trui veroveren. We wilden allemaal dat ik zou winnen. Maar uit zelfbescherming ging ik dat gevoel bagatelliseren. Ik voelde weerstand opkomen en in feite saboteerde ik mezelf, door me nonchalant op te stellen. Ik wilde vooral rust. Laat me, laat me nou. Ik trok me terug. Pech voor mij dat het precies het tegenovergestelde effect had en iedereen aan mij ging vragen: "Tom, gaat het wel?" Met als gevolg dat ik me nog verder terugtrok en een grijs muisje werd, dat wel antwoord gaf op vragen van buitenaf en een lach tevoorschijn toverde. Maar eerlijk: ik was maar half aanwezig.'

Toen hij in de week van de proloog ook nog eens verkouden werd, sloeg de paniek toe. Voor een normaal mens is een verkoudheid nauwelijks een probleem, maar voor een topsporter in topvorm is het dat wel, omdat verkoudheid de vorm aantast. De nacht voor de proloog kon hij moeilijk in slaap komen. 'Ik gooide er een temazepam in, sliep alsnog onrustig en werd op zaterdag vroeg wakker.' Opluchting. 'Nu kon ik er verder niks meer aan doen. Dit was wat het was, met deze staat van zijn, in deze vorm, moest ik het vandaag doen.' Toen hij aan het einde van de middag van het startpodium reed was hij wel hersteld van die verkoudheid, maar niet meer goed genoeg voor de zege.

Hij kijkt voor zich uit, naar het klaptafeltje aan de vliegtuigstoel voor hem. Aan zijn gezicht zie je dat de herinnering aan Utrecht hem plezier doet. 'Nooit zal ik die muur van geluid vergeten van al dat publiek langs de kant, alsof je continu in een stadion aan het fietsen was. Ik blies door de binnenstad. Die blijvende herinnering is al dat gestress vooraf waard geweest. Toen ik over de streep kwam was ik bevrijd.'

Nadat de laatste renner in Utrecht over de finish was gekomen – de winnaar van een jaar eerder, Vincenzo Nibali, als 22e op 43 seconden – bezette hij de vierde plaats achter Rohan Dennis, Tony Martin en Fabian Cancellara. Er lagen dus mogelijkheden om twee dagen later de gele trui alsnog te veroveren, op de steile klim van de Muur van Huy. Zijn achterstand was acht seconden op Dennis, drie op Martin en twee op Cancellara.

Het was daarom van het grootste belang de volgende dag in de eerste echte etappe – die 100 procent zeker op een sprint zou uitdraaien – mee te zitten in de eerste waaier, om in de kop van het algemeen klassement te blijven staan. De wind zou tussen Utrecht en de finish op de stormvloedkering van Neeltje Jans in Zeeland van grote invloed zijn op het koersverloop, er zouden verschillen in het klassement kunnen ontstaan. Als hij bij de eerste groep zou zitten, had hij de dag erna in Huy een goede kans op geel.

'Het was echt slecht weer, de wegen waren nat en er waren in het begin al veel valpartijen. Ik bleef uit de problemen, was opgefokt als nooit tevoren, super gefocused en bereikte de streep in de eerste groep, die maar tien man groot was en waar tussen geen enkele prutser zat. Rohan Dennis had de slag gemist en was uit het klassement weggevallen. Ik had mijn droom levend gehouden. De sterren stonden goed. Cancellara en Martin zou ik de volgende dag op die Muur van Huy op achterstand moeten kunnen rijden en ik zou sowieso nooit 25 seconden verspelen op Peter Sagan of Geraint Thomas, die achter mij stonden. De kans dat ik geel zou pakken achtte ik heel groot.'

De ploeg reed die dag onderweg naar Huy voor hem, iedereen offerde zijn eigen kansen op voor hun kopman, ze cirkelden om hem heen om hem te beschermen tegen lomp fietsgedrag van anderen die hem onderweg in gevaar konden brengen met abrupte bewegingen of doldrieste drang naar belangrijke punten in de koers. Het begin liep goed, het parcours was vlak, niks aan de hand. Totdat de eerste heuveltjes richting Wallonië begonnen op te doemen. Ze denderden met z'n allen op die eerste klim af, de Cote de Bohissau.

'Een of andere flutklim. Ik weet nog dat ik me afvroeg: wat is hiervan het levensbelang? Waarom willen we daar nu al vooraan zitten? Moet dat echt? Ja, ik begrijp wel dat we niet achter een crash terecht moeten zien te komen, maar dit koersgedrag verhoogt juist de nervositeit in het peloton en precies dat zorgt ervoor dat de kans op valpartijen toeneemt. Op zeker moment kwam mijn teamgenoot John Degenkolb aan de zijkant half door de berm met een uiterste krachtsinspanning langs het peloton geraasd – het pak renners reed op de licht dalende weg dik zeventig kilometer per uur – en met een bruuske beweging stuurde hij even naar links, omdat hij merkte dat hij dat tempo niet kon volhouden en hij de bescherming uit de wind van het peloton weer zocht. Maar hij maaide met zijn achterwiel het voorwiel van William Bonnet onder diens stuur vandaan. Bonnet sloeg tegen de grond en nam mij geheel buiten zijn schuld om mee in zijn val. Ik schoof in een soort Superman-positie met twee handen vooruit het gras van de berm in. Ik ging echt zo van *duh-duh-duh-duh-duh*, een buikschuiver. Ik miste op een haar een lantaarnpaal. Ik zat in het bermgras, in shock, en voelde dat er iets niet klopte, maar wat wist ik niet precies. Overal om me heen zag ik renners met bloed, fietsen die in de kreukels lagen, gekerm, mecaniciens die af en aan renden met nieuwe fietsen en wielen, artsen die eerste hulp boden. Niemand zag mij zitten. Ik zat ogenschijnlijk kalm in het gras. Fuck, dacht ik, dit is niet best. Toen er eindelijk iemand bij me was, zei ik: "Mijn schouder is kapot." Toen ben ik in een ambulance gezet. De pijn kwam in één keer in alle hevigheid opzetten. Ik raakte een beetje in paniek, want ze zagen dat hij uit de kom was, maar ze zetten hem nog niet terug. Ik viel bijna flauw van de pijn, schreeuwde om pijnstillers. Die kreeg ik pas in de ambulance, een paracetamolletje. Gelukkig zetten ze toen die schouder toch maar terug.'

In het ziekenhuis bleken niet alleen zo'n beetje alle pezen goed opgerekt te zijn, maar ook dat er door de klap een deuk van een centimeter in zijn schouderkop was geslagen. Rust was de enige remedie. 'De week erna zat ik fysiek kapot en met best wat zelfmedelijden op de bank. Ik voelde me ellendig en heb alleen maar lopen emo-vreten. De ene na de andere chocoladereep vrat ik weg. Ik voelde me zo klote. Ik was al die maanden geen schim van mezelf geweest, omdat ik zo graag die gele trui wilde – en één val – en alles was *kaboem* weg.'

Hij meed de Tour, kon er niet meer naar kijken op televisie. 'Serieus, die gemiste kans, die pijn, die kan ik nog steeds wel voelen. Ik heb uiteindelijk nooit het geel gedragen. Ik weet ook wel, het loopt zoals het loopt en mijn leven wordt er niet minder om, maar ik baal er wel van. Nooit het geel. Die proloog en daarna die rit naar Huy, dat waren mijn kansen geweest.'

6

Vuelta

'Ik maak eerst nog even deze sudoku af, goed?' zegt Tom. 'Geen haast toch?' We vlogen over de Pyreneeën en hadden afgesproken het nog over de Vuelta van 2015 te hebben voordat we in Barcelona zouden landen. Dan zouden we precies op het punt in zijn profleven aangekomen zijn waarop hij in Andorra tijdens de Tour van 2016 zijn grote doorbraak beleefde.

Er was na de val in de Tour van 2015 nog één mogelijkheid om echt iets van het seizoen te maken. De Ronde van Spanje in september. Maar, vertelt Tom als hij zijn telefoon heeft opgeborgen, hij had er weinig vertrouwen in. Toen hij in de weken voorafgaand aan de Vuelta naar zichzelf keek in de spiegel zag hij een vet varken. Beetje dikkige kop ook. Door die focus op de proloog in Utrecht had hij geprobeerd aan te komen, maar na dat emo-vreten op de bank na zijn val was de tijd gekomen zichzelf toe te spreken. Er moest wat gebeuren. De draad moest opgepakt, die kilo's moesten er weer af. Hij zou al blij zijn als hij aan de start kon verschijnen. 'Gelukkig was er niemand die die dagen aan mijn kop zeurde. Iedereen dacht: die is toch geblesseerd, laat hem maar even, hij doet vast wat hij kan.'

De luwte na de val in de Tour beviel uitstekend. Hij kon weliswaar nog niet veel, maar dat was des te beter. Geen intervaltrainingen omdat hij door die pijnlijke schouder niet aan het stuur kon trekken als hij op de pedalen zou gaan staan. Enige wat hij kon doen was voorzichtig opbouwen. 'Iedere dag ietsjes meer arbeid en geen intervaltrainingen: de natuurlijke opbouw dus. Geen stress.'

Hij vertrok toch nog voor twee weken naar Livigno, ondanks dat de wetenschap vertelde dat het te kort was voor de optimale effecten, maar hij had gehoord dat het *the place to be* was. Wielrenster Annemiek van Vleuten had hem haar favoriete hotel aangeraden. 'Toen ik in Spanje arriveerde merkte ik dat die hoogtestage wel degelijk nut had gehad. Ik had helemaal niet keihard getraind, maar vooral lekker gefietst, uurtjes gemaakt in de bergen. Elke dag iets meer belastbaar, maar nog altijd wel met het idee dat ik eigenlijk te weinig werk had verzet in de voorbereiding naar zo'n grote ronde. Ik had bijvoorbeeld maar twee intervaltrainingen in Livigno gedaan, meer niet. Wel was ik ongeveer drie kilo kwijt.' Hij startte de drieweekse tocht door Spanje zonder veel verwachtingen. Hij zou John Degenkolb in de sprints bijstaan. Dat was het idee.

Op de tweede dag lag de finish op de top van de Caminito del Rey en in die etappe ging het wel lekker. Het was warm, maar daar kan hij goed tegen. 'Het was in mijn voordeel, omdat het die dagen in Livigno ook zeer warm was geweest, in de dalen soms wel 35 graden, dus acclimatiseren hoefde ik niet, ook een groot voordeel.'

Hij had die dag niet direct de benen van zijn leven maar hij kon wel lekker blijven rijden, werd gedurende de etappe niet minder, terwijl de renners om hem heen al wel vermoeider leken te worden. 'Op dat slotklimmetje van de tweede dag raakte iedereen overkookt, het tempo viel een beetje stil en ik dacht: waarom val ik niet gewoon aan? Het voelde alsof ik aan het spelen was, ongedwongen. In dit soort etappes zou ik van de ploeg voor mijn eigen kansen mogen gaan. Tijdens de volgende etappe zouden we alles op alles zetten om John in de sprint te kunnen laten winnen. Niemand had enig idee hoe goed ik was. Ik niet en de ploeg niet. Ik viel aan op die slotklim en alleen Esteban Chaves en Nicolas Roche kwamen achter mij aan, we reden samen naar de finish, waar Chaves mij in de sprint versloeg.'

We moeten het gesprek onderbreken om het vliegtuig te verlaten. Dringen en drammen bij de uitgang en daarna de frisse lucht bij de taxistandplaats, vol kerosine en dieseldampen. De lift omhoog, richting de autoverhuurbedrijven. Zoals altijd verloopt de afhandeling van reserveringen verre van vlotjes. We verwonderen ons over de haast communistisch aandoende papierwinkel van handtekeningen, stempels, vinkjes en doorhalingen en ergeren ons daarna aan de baliemedewerker die volhoudt dat het echt zo moet. En of we nog een verzekering wilden?

Niet veel later duiken we met alle andere Catalanen de tunnels onder de stad in, staan stil, halen rechts in, lachen en zetten na het betalen van een paar euro aan verschillende tolpoorten koers richting de Pyreneeën. Nadat we koffie, cola, winegums en chips hebben ingeslagen bij een klein benzinestation op een B-weg, vanwege een omleiding, kunnen we door.

Na de tweede dag van de Vuelta stond Tom op een seconde van Chaves. In de vijfde etappe veroverde hij de leiding in het algemeen klassement, nadat Chaves zes seconden later over de streep was gekomen. Voorsprong: een seconde. De dag daarop viel Chaves aan en won. Inclusief de bonificatieseconden stond hij nu tien seconden voor op Tom. Vier dagen later won Tom de bergetappe naar de top van de Cumbre del Sol. 'Ik stond van mezelf te kijken. Ik had nu bijna een minuut voorsprong op Joaquim Rodriguez en ik voelde dat ik mee ging doen voor het klassement. Overigens dacht ik nog helemaal niet: ik ben een ronderenner. Ik voelde me nog niet thuis in dat elitegroepje. Ik voelde me nog niet een van hen.'

Twee dagen later moest hij op de voorlaatste beklimming lossen, reed als een waanzinnige de afdaling, kwam terug en loste gelijk weer aan de voet van de slotklim. 'Ik liep echt te strijden,' zegt hij van achter het stuur van onze huurauto. 'Ik voelde dat het moest, hoewel dit niet van nature lekkere ritten voor mij waren, sprak ik mezelf toe: je moet nu mee, Tom. Dit is een bergrit, geen heuvelrit met een klein klimmetje op het einde. Ik moest hier alle zeilen bijzetten, vocht voor het eerst voor een klassement, om een grote ronde te kunnen winnen, maar zakte wel van 1 naar 3 omdat Fabio Aru anderhalve minuut eerder aankwam in Cortals d'Encamp en nu 30 seconden voorsprong had. Ik raakte elke dag vermoeider, maar ik kon nu niet meer terug, ik zat te diep in deze *rabbit hole*, te diep in de shit. Ik moest doorvechten tot het einde in Madrid. Ik zou en ik moest. In die situatie had ik mezelf inmiddels gemanoeuvreerd. Ik had a gezegd, nu moest ik ook b zeggen. Ik won de tijdrit in Burgos, hernam de leiding van Aru die ik op bijna twee minuten had gereden. Ik had drie seconden voorsprong.'

De dag erna kwamen Aru en hij in dezelfde groep aan de finish. De hele etappe lang hadden Aru en zijn ploeg Astana aangevallen. Gelukkig voor Tom hadden ze niet één lang moordend tempo opgelegd, een slopend tempo dat hem waarschijnlijk had doen kraken. Ze kozen ervoor veel korte aanvallen te plaatsen. 'En dat is precies wat ik altijd leuke trainingen vond: 40 seconden boven je omslagpunt, daarna 20 seconden herstellen en dan weer 40 seconden volle bak. Dat was iets wat ik heel goed kon – en Aru wist dat niet. Weer een rit overleefd. Maar ik werd hoe langer hoe vermoeider en dus vatbaarder voor fysieke malheur. Ik voelde me die laatste dagen van de Vuelta opgeblazen. Alsof ik voor vijf dagen gegeten had. Ik had geen honger meer, maar ik wist dat ik moest eten omdat ik zoveel calorieën had verbrand in de slopende etappes in gevecht met Aru, maar het lukte me niet meer. Ik was doodop. Bovendien had Astana in Spanje een sterkere ploeg dan wij.

Ik was ook bevangen geraakt door de stress. Ik sliep slecht, mede door de vele dopingcontroles. Niet omdat ik daar bang voor was – als leider in het klassement word je elke dag na de wedstrijd gecontroleerd –, maar vooral omdat er ook nog 's morgens van die onaangekondigde inspecties waren, waarbij ze je om 6 uur wakker maakten. Ik begreep wel waarom ze dat deden. Iedereen dacht: wat is hier aan de hand met die Dumoulin? Leuk dat hij een keer derde werd in Zwitserland, maar in de derde week van een grote ronde meedoen om de winst is wel wat anders. En wat doe je met zulke renners? Die ga je natuurlijk dag in, dag uit op doping controleren. Soms drie keer per dag. Het vervelende was alleen dat ik na de eerste test in de ochtend de slaap niet meer kon vatten en omdat die etappes in Spanje altijd laat starten, finish je laat en eet je vervolgens ook laat, tegen tien uur 's avonds pas. Voordat mijn stresshormoonlevel een beetje was gezakt en ik in slaap kon vallen was het vaak één uur

’s nachts. Ik heb deze Vuelta nooit meer dan zeven uur per nacht geslapen, en toen ik eenmaal wist dat ik om zes uur weer wakker gemaakt zou worden, had dat weer invloed op het inslapen – shit, ik móet nu slapen want straks staan ze weer voor de deur. Het werd me te veel. Ik werd ziek. Te veel stress in mijn lijf. Ik kreeg last van mijn maag en darmen, de plek waar dat soort stress zich bij mij ging uiten.’

Die laatste vrijdag en zaterdag. Nog twee zware etappes. Vrijdag was de aankomst in Avila en op zaterdag de finish in Cercedilla, na vier beklimmingen van de eerste categorie. ‘We reden in de brandende hitte, over brede snelwegen op weg naar Avila. Op hangen en wurgen kon ik het peloton volgen terwijl Movistar er een moordend tempo op losliet. Ik had het niet meer, voelde me koortsig en echt alleen op karakter en wilskracht kon ik in de buurt blijven. We naderden de finish en ik maakte een plan: nu je dit hebt overleefd, ga je aanvallen. Fuck it, ze konden allemaal de tering krijgen. Ik voelde dat ik een mentale tik kon uitdelen, door te doen alsof ik niks mankeerde. Hoe hard ik toen kon zijn voor mezelf... ik snap het soms nog niet. Ik kon niets meer en toch viel ik aan. De man die als een zombie door de hotels liep, viel aan en pakte drie seconden op Aru. Het was echt de dood of de gladiolen. Maar een dag later zakte alles als een plumpudding in elkaar. Ik kon haast geen 300 watt aan vermogen trappen. Ik was helemaal op, een dode vogel. Astana viel vroeg in de etappe al aan, wij hadden de renners niet om te antwoorden – we deden wat we konden maar het was onvoldoende. Toen Aru aanviel had hij nog wél drie ploeggenoten voorin die hem konden helpen. Ik was alleen. In de voorlaatste afdaling van de dag probeerde ik nog terug te komen bij de groep met Aru, maar dat haalde ik net niet en in de vallei had hij die drie vooruitgestuurde mannen die op hem konden wachten en met wie hij van mij kon wegrijden terwijl ik in mijn eentje streed. Ik zag hem steeds verder van mij wegrijden. Die dag verloor ik vier minuten en zakte terug naar een zesde plaats. Ik had meer gegeven dan ik überhaupt kon. Ik weet nog steeds niet waar ik dat vandaan haalde. Waar ik überhaupt die hele Vuelta vandaan haalde, wist ik al niet meer. Ik had twee ritten gewonnen, ik had zes dagen de rode leiderstrui gedragen en ik was gesloopt, zat die laatste zaterdag in mijn rode trui in de ploegleidersauto voor me uit te staren, cameraploegen en fotografen om me heen. Dood was ik. Zo leeg heb ik me daarna nooit meer gevoeld.'

Die avond kreeg hij koorts. Hij ijlde en toen hij wakker werd wilde hij niet meer. 'Ik dacht, het is gewoon ongezond om nu te starten.' Zijn ploegleider praatte het besluit uit zijn hoofd. '"Je staat zesde," zei Addy Engels. "En het is nog maar een dag, een soort parade door Madrid. Meer is het niet." Tot een uur voor de start heb ik nog getwijfeld, in de bus op weg naar het vertrek. Ik besloot uiteindelijk toch te starten. Die twee uurtjes, dat moest toch kunnen. Dood erbij neervallen zou ik waarschijnlijk toch niet.'

DEEL 2

1

Confrontatie

We rijden door het achterland van Catalonië en zijn onderweg naar Andorra, de plek waar Tom in 2016 een bijzondere zege in de Tour de France boekte. Het ministaatje in de Pyreneeën is samen met Monaco en Girona het dichtstbevolkte profrennergebied van Europa. Het belastingklimaat is gunstig, de beklimmingen in de omgeving zijn meer dan uitputtend en de grote hoogte waarop het is gelegen, maakt Andorra tot een aantrekkelijke locatie voor moderne wielerprofs om er hun kamp op te slaan.

Tom begrijpt daar weinig van. 'Monaco is nog logisch, omdat het weer er bijna altijd goed is en je vanaf Nice via Parijs zo'n beetje overal naartoe kunt vliegen. En ook in Monaco heb je belastingvoordeel. Maar dit?'

In noordelijke richting rijdend worden we omringd door bosrijk berggebied, met aan de ene kant van de weg rotswanden en beneden ons in het dal een snelstromende rivier. We passeren Catalaanse dorpjes en gehuchten, af en toe staat er dicht langs de kant van de weg een eenzame boerderij met vee en een schuur met ingezakt dak. Tom kijkt om zich heen. 'Hoelang zijn we nu al onderweg vanaf Barcelona? Twee uur? En we zijn er nog niet, hè? Dus elke keer na een koers moet je vanaf het vliegveld nog eens drie uur door de bergen naar huis rijden. Ik vind de bergen schitterend, maar niet om te wonen.'

En dan die hoogte. In het moderne wielrennen zijn hoogtestages onontbeerlijk, want hoe meer bloedlichaampjes je aanmaakt (dat gebeurt op hoogte door het lagere zuurstofgehalte in de lucht), hoe meer zuurstof je kunt transporteren tijdens een inspanning. Kort door de bocht: je gaat er sneller van fietsen. 'Maar die effecten treden pas goed op vanaf 2000 meter hoogte. De meeste renners hier wonen op 1500 meter. Robert Gesink woont nog iets hoger, maar de effecten zijn dus volgens mij niet zo groot.'

Hij zag vooral de nadelen van een emigratie: je herstelt slechter door al dat gereis, op 1500 meter voel je wel dat je op hoogte zit, maar je zit niet hoog genoeg voor de gewenste positieve fysiologische effecten en je zou dus zelfs kunnen beargumenteren dat die hoogte je herstel eerder in de weg zit. 'Eerlijk gezegd kan ik me zo snel geen renner voor de geest halen die echt serieus veel beter werd na zijn verhuizing naar Andorra. Sepp Kuss zou een uitzondering kunnen zijn, maar die werd anderzijds ook weer op hoogte geboren, in de Rocky Moutains.'

Er was voor hem daarnaast één ander nadeel dat alle mogelijke voordelen wegvaagde: hij sliep per jaar al meer dan 200 dagen in buitenlandse hotels. Gaan wonen op een plek die niet als thuis voelde, was een stap te ver. 'Ik zou op zo'n locatie trouwens ook nooit kunnen loskomen van het wielrennen. Maar dat was juist wel wat ik wilde als ik thuis was. Ik had dat nodig. Ik kon in Maastricht soms nog even een normale jongen zijn, in plaats van alleen maar wielrenner... Daar!' roept hij plots. 'Dat is het hotel!'

We schieten er voorbij, maar zo gauw de kans zich voordoet keren we om, parkeren de auto op het grind voor de deur en stappen uit. We waren even tevoren het verkeersbord al gepasseerd dat aangaf dat je voor 'La Molina' rechts af moest slaan. 'La Molina' is bijna altijd een beklimming in de Ronde van Catalonië en dus moet dit wel de omgeving zijn waar Tom in 2022 afstapte en vervolgens het besluit nam om te stoppen met wielrennen.

'Verdomme,' zegt hij als hij naar de hoofdingang van het hotel loopt. 'Dit is toch ook toevallig! *What the fuck*? Dit heeft dus zo moeten zijn.' We checken of het hotel open is. Helaas. '*No, no, clo-zet*,' zegt een vrouw op teenslippers die uit een zijdeur tevoorschijn is gekomen. 'Sorry.' Hotel Balneari Sant Vincent serveert vandaag niks uit.

We nemen de omgeving in ons op. Hier moest hij in april 2022 nog één nacht verblijven nadat hij was afgestapt en het peloton achter zich had gelaten met het besluit waarvan niemand nog wist dat hij het op deze plek had genomen. 'Ik vind het zelfs een beetje moeilijk om hier te zijn. Hier nam ik in mijn eentje, op die kamer, een heel belangrijk besluit. Ik wilde niet meer. Ik wilde dat dit zou stoppen. Ik kon gewoon niet meer.'

Tom lijkt het niet heel erg te vinden dat het hotel vandaag gesloten is. 'Ik was zo ongelukkig toen.' Toch horen ook niet-fijne herinneringen bij het leven, zegt hij, en moet dit boek niet alleen maar hosanna worden over hoe mooi zijn carrière wel niet was. 'Want dat was ook niet altijd zo. Laten we doorrijden.'

Hij kijkt nog een keer om naar het hotel als we weer in onze grijze huurauto stappen om onze reis voort te zetten. Morgen gaan we te voet naar de top van de Arcalís, waar hij in 2016 solo aankwam in de negende etappe van de Tour de France.

2

Het eerste roze

Het is na zevenen als we door de hoofdstraat van Andorra La Velle lopen. Om ons heen shoppen mensen nog snel even of zoeken net als wij in de buurt van de grote winkelstraat een goede plek om te eten. Als we op een plein staan te overleggen over een paar online restaurantrecensies die we tegenkwamen, stapt er een groep vrienden uit een bar. Ze praten snel en merken ons amper op, hoewel we vlak voor ze staan. We zeggen gedag, zij antwoorden netjes terug. Een van hen kijkt nog eens goed. *'Tom! Are you Tom? You are Tom Dumoulin! Si si si! Yes, you are Tom Dumoulin!'* Hij tikt zijn vrienden aan. *'Tom! It's Tom! Are you réally Tom Dumoulin?'*

Als Tom zegt dat hij inderdaad Tom is, zijn de vriendelijkheden niet van de lucht. De groep komt uit Colombia en is hier vanwege een grote triatlon-achtige endurance-run-meeting komend weekeind. Er worden locaties gedeeld, herinneringen aan zijn sportprestaties opgedist, Tom vertelt over een trainingsstage die hij ooit in de buurt van Medellín heeft gedaan. Ze slaan elkaar op de schouder als blijkt dat Tom in maart 2022 vlak bij de woonplaats van een van de Colombianen verbleef. 'Selfie?'

Tom vindt het allemaal geen probleem, slaat zijn armen om de schouders van de Colombianen die in allerlei combinaties om hem heen gaan staan en vraagt daarna of ze misschien nog restauranttips voor ons hebben. Ze raden een klein tentje aan, een paar honderd meter verderop, prima eten voor een redelijke prijs.

Voor 2016 had Tom één hoofddoel en één subdoel in zijn hoofd. Dat subdoel was om in mei de roze trui te veroveren tijdens de proloog van de Ronde van Italië, die dat jaar van start ging in Apeldoorn. Het hoofddoel was het winnen van de gouden medaille op de tijdrit tijdens de Olympische Spelen van Rio de Janeiro in augustus. Van de Spelen droomde hij als jonge jongen al. Hij vindt het nog altijd het mooiste evenement ter wereld. Zo gauw hij het parcours van Rio zag wist hij dat dit zijn grote kans zou zijn. Maar er was één probleem: omdat hij in 2015 de Vuelta zo goed had gereden, werd de roep van buitenaf om al zijn tijd en energie te richten op topnoteringen in algemene klassementen van drieweekse rondes een stuk luider. En de Tour was de grootste ronde van de drie.

'Maar ik wilde in Rio knallen en ik zou niet opeens mijn hele jaarplanning gaan omgooien. Ik vond de Spelen misschien nog wel belangrijker dan de Tour, hoewel ik overigens toen al wel helemaal verliefd was geworden op de Tour. Ik baalde nog steeds van die val op weg naar Huy. Toen ik er bij de ploeg na de Vuelta op aandrong het plan voor Rio niet overboord te gooien zagen ze dat gelukkig ook nog steeds zitten. Ik ben nog altijd heel blij dat ze mij die kans hebben gegeven. Eind 2015 had ik best nog wel een grote stem in mijn eigen programma. Dat was écht fijn. De ploeg en ik zijn eind 2015 gaan zitten om te proberen van 2016 het allermooiste jaar te maken, met Rio als hoofddoel. Als ik terugkijk besef ik dat ik ook zomaar op minder enthousiasme had kunnen rekenen bij Argos-Shimano. Hoewel zij mijn salaris betaalden kregen zij er op de Olympische Spelen nauwelijks iets voor terug. Ik reed in het oranje tenue en persoonlijke sponsoruitingen mogen daar niet worden getoond. Ik had het kunnen begrijpen als ze hadden gezegd: "Tom, je hebt in Spanje laten zien bijna een ronde te kunnen winnen, wij betalen jouw salaris, dus die droom van jou is leuk en aardig, maar we willen dat je alles zet op een succesvolle Tour en dan word je daarna maar negende in Rio."'

De Giro was het eerste doel van 2016 en omdat de ploeg ook graag zag dat hij de Tour zou rijden, was het plan dat hij ergens halverwege de Giro zou uitstappen. Daarna zou hij een voorbereidingsperiode op de Tour inlassen en vervolgens naar Frankrijk reizen om gelijk in de eerste etappes te proberen om zo snel mogelijk op achterstand in het klassement te komen zodat de andere klassementsrenners hem in de rest van de Tour niet meer als een bedreiging zouden zien. 'Ze zouden me dan wel laten rijden als ik in een bergetappe mee zou proberen te zitten in een ontsnapping.' Hij had alle pijlen gericht op etappes 13 en 18, de ritten tegen de klok. Zestien dagen na de finish in Parijs zou hij beginnen aan de olympische tijdrit in Rio.

Tom had vertrouwen in deze planning. Bradley Wiggins had in 2012 na de Tour – die hij had gewonnen – tenslotte ook goud behaald op de tijdrit van Londen. 'Ik was ervan overtuigd dat als ik me niet helemaal uit elkaar zou trekken in Frankrijk, ik grote kans maakte op een zeer mooie prestatie in Rio.'

Hij had lang naar zijn debuut in de Ronde van Italië uitgekeken. Sinds hij met zijn ouders en zusjes een aantal keer op zomervakantie was geweest aan die Noord-Italiaanse meren had het land voor hem een speciale betekenis gekregen. 'Dan reisden we op de bonnefooi, en sliepen in onze tent op verschillende campings. Later genoot ik van Rome, toen ik op het gymnasium zat en ik mee ging met een klassieke-oudheidsreis. We plozen heel Rome uit. Ik vond – en vind – dat ongelooflijk boeiend allemaal, de schilderijen van Caravaggio en de beelden van Bernini, de beste beeldhouwer die ooit heeft bestaan. Heel expressief, heel barok. Echt geweldig. Toen ik op een van die studiereizen dat beeld zag in Villa Borghese, dat beeld van Pluto en Proserpina... Daar zit een beetje die liefde voor Italië voor mij in. Het is een gevoel dat ik bijvoorbeeld nooit zo heb ervaren in Frankrijk.'

De Ronde van Italië startte dat jaar in Apeldoorn met een proloog, daarna zouden er nog twee etappes verreden worden in Nederland voordat het peloton zich naar Italië zou verplaatsen. Hij had zijn zinnen gezet op de roze trui, het tricot van de leider in het algemeen klassement. 'Dit was een unieke kans, het leek mij heel vet door Nederland te rijden in die roze trui.'

In Apeldoorn liep het toch nog bijna allemaal in de soep. Primož Roglič, een toen nog onbekende Sloveense renner van Team LottoNL-Jumbo, had 's middags een snelle tijd neergezet. 'Uiteindelijk hield ik 11duizendste over.'

Na een dag verloor hij de trui aan Marcel Kittel, die voor zijn nieuwe ploeg Ettix-Quick-Step een goede proloog had gereden en na de zege in Arnhem met bonificatieseconden Tom voorbijging in de rangschikking. 'Na de eerste etappe in Italië had ik het roze weer terug. In totaal heb ik hem dat jaar vijf dagen in koers gedragen.'

De buitenwereld had geen idee dat er voor hem toen maar één vraag restte: wanneer zou hij uitstappen? 'Ik stond aan de leiding. Wat zou er gebeuren als ik gewoon doorging? Ik had tenslotte in Spanje laten zien dat ik een grote ronde aankon en misschien wel kon winnen. Ik voelde dat de ploeg druk begon uit te oefenen, maar ik wilde naar huis, we hadden een plan en één hoofddoel: Rio.'

Hij slaakt al die jaren later nog een zucht van opluchting als hij vertelt dat hij in de rit over de witte gravelwegen van Toscane een slechte dag had en drie minuten verloor. 'Ik zweer het, dat was niet gefaket.' Na een paar discussies met de teamleiding viel het besluit: halverwege de elfde etappe stapte hij uit koers. 'Ongelooflijk eigenlijk.'

'Wat?'

'Dat ze niet zo dwarslagen.'

'Vind je dat vreemd?'

'Nou oké, als je er over nadenkt is het ook weer niet zó vreemd. Nu startte ik twee keer in een grote ronde. Dat is twee keer startgeld voor de ploeg en twee keer publiciteit vooraf. Dus nu we er zo over zitten te praten, begrijp ik misschien toch iets beter waarom ze niet wilden dat ik voorafgaand aan de Giro zou communiceren dat ik halverwege zou stoppen. Dat zou wellicht flink wat startgeld hebben gescheeld. Verdomme, dat zal denk ik de reden zijn geweest...

Hij is even stil en zegt dan dat hij zich soms handelswaar voelde. Hij kan er begrip voor opbrengen dat het zo nu eenmaal werkt in het wielrennen, maar dat de ploeg hem er niet in betrok vond hij vervelend. 'Het werd me medegedeeld en ik had geen keus. Ik was toch de eigenaar over mijn leven? Maar nu voelde ik mij verhandeld tussen mijn ploeg, de organisaties van wedstrijden en sponsors. Van dat gevoel krijg ik nu nog altijd de rillingen.'

3

Arcalís

De volgende dag wringen we de kleine grijze huurauto uit de ondergrondse parkeergarage van het hotel en verlaten de stad na een opeenvolging van hoogbouw, doe-het-zelf-groothandels, benzinestations met spotgoedkope prijzen en casino's. We zoeken naar het dichtstbijzijnde punt van het parcours van de Tour-etappe uit 2016 die leidde naar de top van de Arcalís. Tom bekijkt het parcours op zijn telefoon en vergelijkt het met de route die er op de boordcomputer van onze auto verschijnt. Na een paar rotondes draaien we een bergweg op. Er begint Tom wat te dagen. 'Weet je? Volgens mij is dit de weg van de Vuelta van 2012.'

'Die van die val?'

'Ja.'

Een paar bochten later er is een mogelijkheid om de auto aan de kant te zetten. Dit is de flank van de Alto de la Comella. Het is bewolkt, beneden ons gonst nog altijd het ochtendverkeer. Als hij uitstapt kijkt hij naar de strook asfalt die voor hem ligt. 'In 2016, tijdens die etappe naar de Arcalís, had ik geen idee dat deze weg omhoog precies de plek was waar ik vier jaar eerder was gecrasht in die afdaling.' Met langzame passen loopt hij naar beneden. De dicht bij elkaar staande rotswanden geven hem nog altijd een benauwd en beklemmend gevoel. Hij tuurt het dal in, bekijkt nauwgezet de bocht verderop.

'Ik kon Kessiakof niet bijhouden. Of had ik dat al verteld? Ik weet nog dat ik alleen maar dacht: kut, ik moet naar zijn achterwiel. Op zo'n lang recht stuk laat je je als een steen naar beneden vallen. Ik zag hoe hij de bocht instuurde alsof het een flauwe bocht naar links was. Ik ging harder en harder en kwam daar op hoge snelheid aan. Ik denk dat we tegen de zeventig kilometer per uur reden. Kessiakof had het juiste instuurpunt van de bocht gemist en kon hem nog maar net houden. Maar omdat ik op hém lette en niet op de weg – en niet dóór de voorganger heen keek – hield ik de bocht niet.'

Hij twijfelt. Was het deze bocht nou wel? We lopen nog even door, kijken om het hoekje, dan weer terug omhoog, langs de rotsen en de naaldbomen. Ja, die eerste bocht moet het inderdaad geweest zijn. Hij wijst naar de vangrail. Daar. We lopen terug omhoog en kijken opnieuw vanaf de plek waar we de auto hebben geparkeerd. De bocht draait inderdaad verder terug dan je vanaf dit punt op dit rechte stuk weg kan zien. 'Een vies bochtje.' Hij kijkt over de rand naar beneden, steekt zijn hand uit, streelt het metaal van de vangrail. Was het hier? Was dit dat scherpe randje waaraan hij zijn buik opensneed? 'Ik voelde me eenzaam.' Zijn stem klinkt zachter. 'Zo alleen had ik me nog nooit gevoeld. Nu ik hier zo sta en eraan terugdenk moet ik toch wel even slikken. Het besef dat de dood even heel dichtbij is geweest. Het besef ook dat je op zo'n eenzame manier kunt sterven.'

Alles ging als een film aan hem voorbij. Er was grote paniek geweest, ook bij de ploegleider die als eerste bij hem was. 'Toen ik nog op die vangrail zat probeerde ik met mijn hand de wond dicht te drukken. In de ambulance hebben ze me ter plekke geniet, verband aangelegd en zijn ze daarna als een razende met me naar het ziekenhuis gereden, beneden in het dal. Daar maakten ze scans. Gelukkig had ik geen inwendige bloedingen. Wil je het litteken zien?' Hij trekt zijn shirt omhoog. De streep is misschien wel 25 centimeter.

Hoewel het zijn eigen fout was geweest, vertrouwde hij vanaf die dag nooit meer op de afdalingscapaciteiten van de renner voor hem. Hij daalde vanaf dat moment altijd met de routekaart afgebeeld op zijn kleine boordcomputer aan het stuur, liefst met zo min mogelijk renners om zich heen. 'Ik was me vanaf dat moment bewust van de gevaren van het vak. Maar die angst is in de jaren daarna ook vaak verdreven door de adrenalineroes van de koers. Zeker op de momenten dat ik goed was en er veel op het spel stond. Maar ergens, in een klein hoekje in mijn achterhoofd, was er altijd het besef dat het iets heel gevaarlijks was dat we deden, iets spannends. Dat wij, de renners, heel breekbaar zijn. Dat alles heel vergankelijk is.'

Vrijwel elke prof die meer dan tien jaar actief is geweest heeft volgens Tom minimaal één moment gehad waarop hij besefte dat het leven aan een zijden draadje hing. 'Dat is toch wat? Dat je bijna de zekerheid hebt dat je tijdens je loopbaan een paar keer door het oog van de naald gaat kruipen. Bij welke andere sport of bij welke levensactiviteit heb je dat? Dat de dood zo dichtbij is?'

De dag voor de finish op de Arcalís reed het Tour-peloton al door de Pyreneeën. Tom stond 86e in het algemeen klassement op ruim 34 minuten. Tijdens de etappe kreeg hij last van buikloop, in de vallei tussen de Aspet en de

Peyresourde rende hij een camper in die langs het parcours stond. 'Die mensen van die camper wisten niet wat hen overkwam,' lacht hij. 'Maar het luchtte wel op. Het was geen infectie of zo en ik was ook niet ziek. Het was zo'n aandrang zoals je 's ochtends kunt hebben als je een kop koffie zit te drinken. Ken je dat? Ik had dat wel eens vaker tijdens de koers. Ik verloor die dag uiteindelijk achttien minuten, maar dat maakte niks uit. Het ging mij in deze Tour om die twee tijdritten en om die paar dagen in de bergen waarop ik kansen zag.' Een van die kansen was de dag erna met de finish op de Arcalís.

We rijden weer door het drukke verkeer van Andorra la Vella en zoeken het parcours. De weg die we uiteindelijk nemen leidt naar Frankrijk, maar we twijfelen al snel of dat de juiste richting is naar de aanloop naar de Col de Baixalis. Tom haalt zijn telefoon weer tevoorschijn om het op te zoeken. 'Ja, dat is 'm.' De Arcalís ligt voor ons. 'Nu gaan we wel goed, die weg daar moeten we hebben. Voorlopig gewoon rechtdoor. Flink stuk te ver doorgereden, hoor.'

Vanaf de start in Vielha Val d'Aran die dag werd er 'slag om slinger' gedemarreerd. Hij was niet de enige die per se wilde meezitten in de ontsnapping. Zelfs Alberto Contador en Alejandro Valverde deden mee aan het grote gevecht. 'Ik hield me eerst nog een beetje afzijdig, want het is onverstandig om overal op te reageren, omdat je jezelf dan loopt uit te putten en je in de slotfase te vermoeid bent om kans te maken. En daar is het toch allemaal om te doen, nietwaar?'

Vlak voordat de eerste klim van die dag echt begon reed de eerste groep op een halve minuut van het peloton weg. Tom besloot de achtervolging in te zetten, op de vijf man die ook weg waren gesprongen om de oversteek naar de kopgroep te maken. 'Ik moest echt wel even aan de bak, maar omdat ik goede benen had slaagde ik erin met een grote groep van meer dan twintig renners reden we die eerste twee cols over. We hoorden dat het peloton jacht op ons maakte. Logisch, want Valverde zat in ons midden en die stond binnen twintig seconden van de gele trui. Hij was een bedreiging. Vlak nadat we doorhadden dat er jacht op ons werd gemaakt, liet hij zich uit de kopgroep zakken. Voor hem was het zinloos geworden mee te zitten omdat ze hem nooit zouden laten rijden en hij zich anders alleen maar onnodig zou vermoeien.'

We rijden over de Col de Baixalis, 6,6 kilometer met een stijgingspercentage van soms meer dan elf procent. Ons huurautootje helt achterover. Tom hield van dit soort pittige klimmetjes. 'Weliswaar minder geschikt voor mij, maar ik kon er altijd wel goed rekenen, mijn krachten verdelen en inschatten hoe ik dit het beste kon overleven. Ging me vaak goed af. Het hielp ook dat ik deze beklimming nog herkende uit de Vuelta van 2015. De Baixalis was toen de eerste beklimming van de elfde etappe, de dag dat ik de rode trui aan Fabio Aru verloor.' Hij checkt het voor de zekerheid weer even op zijn telefoon.

De smalle weg – niet meer dan een geasfalteerd geitenpad waar een bezemwagentje zo goed en zo kwaad als het gaat modder en gesteente probeert te verwijderen na een paar zware buien de voorbije dagen – leidt behoorlijk steil omhoog. Op een bordje in de berm staat 12%. Bij het volgende bordje waarop 9,5% staat, zegt Tom: 'Dit is nog enigszins goed te rijden.' Het bezemwagentje houdt ons op. We kunnen hem op de smalle weg niet voorbij. Pas een minuut of vijf later zien we onze kans schoon in een wat bredere haarspeldbocht.

Tom realiseerde zich staand op de pedalen dat deze beklimming een cruciaal stuk van de dag was. Er werd volle bak gereden door de koplopers. 'Ik voelde de spanning toenemen. Ik zat met allemaal pure klimmers om me heen en ik dacht: hoe de fuck ga ik hier vandaag winnen? Hoe zijn mijn benen? Wat wordt mijn plan? We waren nog met een stuk of twintig renners en Thibaut Pinot begon gelijk het tempo te verhogen. De ene tempowisseling volgde op de andere. Pinot, maar ook George Bennett, Rui Costa en Rafał Majka bleven elkaar maar bestoken. Ik voelde de spanning stijgen naarmate de top van deze voorlaatste klim naderde. Je zet je pokerface op. Als je goed bent, doe je alsof je slecht bent. En andersom. Je wilt je niet in je kaarten laten kijken. Af en toe moest ik een gaatje laten vallen. Ik kon niet anders, ik zou mezelf slopen als ik met Pinots tempoversnelling mee zou gaan. Ik moest slim klimmen, mijn eigen tempo rijden en zo terugkomen, iets dat veel beter kan op een steile klim dan op een klim van 5 procent waar een groepje renners windvoordeel heeft ten opzichte van een eenling, zoals ik nu even was. Bij een hellingsgraad als deze, van boven de tien procent, is het windvoordeel te verwaarlozen.'

Hij voelde dat zijn tactiek de juiste was, wist dat hij op deze klim de rit niet zou gaan winnen, maar dat hij hier wel zijn kans op de zege om zeep kon helpen. Het was zaak niet in paniek te raken, hij moest vooral zorgen dat hij op de top bij de eersten zat. Dat lukte, omdat hij nog wel iets overhad op die laatste kilometer. 'Zij waren al wat meer vermoeid door al die demarrages die ze hadden geplaatst. Dat is trouwens iets wat je wel vaker zag, dat de echte klimmers elkaar op de steile stukken proberen pijn te doen en gaan versnellen, maar op de wat vlakkere stukken dan naar elkaar gaan zitten loeren en tegelijkertijd proberen een beetje op adem te komen, precies de plekken waarop renners zoals ik terug kunnen komen.'

We passeren de top – Toms routekaartje zegt dat het in 2016 op dit moment nog 28 kilometer tot aan de finish was – en dalen weer af. Het landschap is prachtig, maar Tom ('ja, het is wel leuk om naar te kijken') heeft er geen behoefte aan te stoppen. 'Vanaf hier is het een technische afdaling van zes kilometer naar de vallei, daarna gaat het ongeveer acht kilometer gluiperig omhoog en dan is het nog veertien kilometer klimmen, maar heel anders dan deze. Arcalís is een brede, regelmatige, niet al te steile klim.' Hij kijkt weer op zijn telefoon. 'Bijna 5000 meter omhoog deze dag. Jezus, best veel. Ik deed alsof ik net aan had kunnen sluiten en mijn laatste krachten daarvoor had moeten aanspreken. Het was mijn bedoeling dat de anderen straks allemaal hun aandacht meer op Pinot, Majka en Rui Costa zouden richten. Ik besefte ook dat ze wisten dat ik de vorige Vuelta die bergetappe had gewonnen. Ze wisten heel goed waartoe ik inmiddels in staat was.'

Ze waren in de vallei nog met z'n tienen over en Tom had niet het idee dat zijn medevluchters dachten dat hij de sterkste zou zijn vandaag, vooral doordat hij op de klim gelost was en pas op het allerlaatste moment weer had weten aan te sluiten. Dat kwam hem prima uit. In de vallei zou het een tactisch steekspel worden.

'Ik sprong een paar keer mee met anderen, maar ik wist ook dat je niet telkens achter iedereen aan moet springen omdat je dan vooral bezig bent niet te willen verliezen. Als je wilt winnen moet je geduld hebben en durven afwachten, krachten sparen. Ik was bezig met mijn eigen koers en als je goed bent durf je erop te gokken. Als je minder bent zorgt die onzekerheid ervoor dat je tactisch niet altijd de juiste keus maakt, omdat je denkt: ja, straks kan ik ze niet meer terughalen, dus ik moet het nu doen. Maar als je goed bent weet je: als het moet geef ik er nu een klap op en haal ik hem terug. Mijn demarrage hier kwam op een bewust moment. Het was als in een tijdrit. Je vraagt je zo min mogelijk af of je goed bent of niet. Is niet van belang. Net zo min als dat het belangrijk is of dit leuk is of niet. Van geen enkel belang. Je komt in die zone terecht van concentratie en ik ben geneigd te denken dat je in die zone terecht kan komen als je goed bent. Je bent ín dat moment en dat maakt het zo krachtig. In die zone is er geen ruimte meer voor tweede gedachtes. Er is alleen ruimte voor constateringen, geen ruimte voor conclusies. Het is allemaal heel primitief en intuïtief, zoals een kind reageert op prikkels. Het is dan gedachte-handelen, gedachte-handelen. Of: gedachte-laten wegvloeien, gedachte-laten wegvloeien. Verdergaande gedachten leiden in dit soort situaties nergens toe, ze zijn zinloos. Ze leiden af van wat je moet doen: ook als je slechte benen hebt en je voelt pijn, moet je doorfietsen.'

'Weet je hoe je in die zone komt?'

'Door fysieke arbeid te leveren. Dat gevoel ken ik van vroeger, van het rennen naar vriendjes, van het hard fietsen naar school, en dat gevoel kan ik nog steeds oproepen. Laatst stond ik bij Karsten Kroon in de tuin mee te helpen een vijver te graven en dan moet het ook hard snel en dan staan we allebei als twee wilde beren te werken, gewoon omdat het lekker is, heerlijk, die dopamine die vrijkomt. Ergens is pijn lijden dus ook fijn. Dat maakt wielrennen voor mij ook zo schitterend, die maximaalheid, op volle kracht, afzien tot je niet meer harder kunt, in een prachtige natuurlijke omgeving. Die zege van Erik Breukink op de Gavia ooit, in die sneeuw. In welke andere sport zie je nou zoiets nog?'

'Ben je dan een masochist, als je dit allemaal zo leuk vindt?'

'Ergens wel. Ik vind het heerlijk om dat hart van mij op volle kracht te laten pompen, te hijgen, dat melkzuur te laten branden. Werken voor iets, om iets te bereiken vind ik machtig. En ik denk dat ik dieper, harder en sneller kan dan de meesten. Ik kan denk ik meer lijden dan anderen.'

'Een *survival of the fittest*, een Darwinistische strijd? Voelt het zo ook op de fiets?'

'Een beetje wel. Hij die het hardste lijdt, krijgt de mooiste beloning. Ik weet wel dat het ergens ook belachelijk is, maar ik heb gewoon veel energie. Ik word onrustig als ik die energie niet verbrand. Als ik hier zo rondloop krijg ik dat ook, dan wil ik straks ook naar de echte top van die berg, daarboven, rennend. Die energie moet eruit.'

'Hoe ging die demarrage op weg naar Arcalís?'

'Ik zette aan en dacht: nu tijdrijden. Voluit, geen rem erop. We waren nog met acht man en ik veronderstelde dat we allemaal al vermoeid waren – we hadden al 4500 hoogtemeters overbrugd – en omdat zij met zeven waren, schatte ik in dat ze naar elkaar zouden kijken. Wie gaat hém dan terughalen? Voordat zij denken: shit, we moeten nu met elkaar achter hem aan, ben ik al een eind op weg.'

We rijden door de laatste vallei op weg naar het begin van de klim, links en rechts groene flanken van de Pyreneeën. 'Het maakte me niks uit dat het ging regenen, dat het noodweer werd en er hagelstenen als dikke knikkers op ons neerkletterden. Interessant voor de tv-kijkers misschien, maar van geen invloed, omdat alle renners daar last van hadden. Deed me niks. Niks was belangrijk. Ik moest zo hard mogelijk rijden. Meer niet.'

'Ik voel hier wel de hoogte al, jij?'

'Waar voel je dat dan aan?'

'Beetje duizelig. Druk op mijn hoofd.'

'Ik voel nu niks.'

Een man met een grote baard bij een rood-witte slagboom houdt ons tegen. Verboden voor gemotoriseerd tuig. We stappen uit, ik tap water uit de kraan bij de wc. 'Heb je daar water gehaald?' vraagt Tom als ik terugkom. 'Dat bord niet gezien?' AQUA NON POTABLE. Ik laat de fles leeglopen op het asfalt.

'Gaan we rennend?' vraagt hij. 'Zo ver is het niet meer, toch?'

'Wandelen is beter.'

'Nee, ik ren omhoog.'

'Mij best. Zie ik je daar.'

'En er dan achter komen dat die hoogte toch best wel kut is.'

'Laten we daarom om te beginnen gewoon lopen tot waar de streep toen lag.'

'Dat is nog vijf kilometer. Dat is een uur.'

'Nou en? Die kabelbaan daar vind ik voor bejaarden.'

'Oké, jij je zin.' Tom rent terug naar de auto, hij is zijn regenjekkie vergeten. Ik roep dat hij ook zijn andere schoenen misschien moet meenemen, maar hij schreeuwt dat dat niet hoeft. Als hij terugkomt is hij flink buiten adem. 'Het begin ging nog wel lekker, maar al snel moest ik echt gaan ademhalen en dacht ik: o, maar dit lukt helemaal niet zo goed.

Normaal verzuur je als je power levert, maar op hoogte is het meer het gevoel dat je leegloopt. Je voelt geen macht, gewoon slappe hap. Op zeeniveau voel je eerst power, dan komt er melkzuur bij en dan voel je dat je machtige benen verstrikt raken, maar op hoogte voel je überhaupt geen macht. Je wordt alleen maar slapper en slapper.'

'Was jij goed op hoogte?'

'Ik heb er eigenlijk altijd best veel last van gehad. Presteerde duidelijk minder. Ik kon goed klimmen, had veel power en een hoog omslagpunt, maar op hoogte werd ik gewoon minder.'

We zijn inmiddels door de 2000 meter-grens gegaan. Het is nog ongeveer drie kilometer tot de plek waar toen de finish lag en we zijn al een tijdje bezig aan de serie haarspeldbochten. 'Ik liep laatst Maastricht Mooiste, een hardloopwedstrijdje van 10 kilometer. Ik dacht: ik ga de snelste loper volgen en kijken hoelang ik het volhoud. Ik wilde ervaren hoe snel snel is. Kon me niks schelen als ik het maar 500 meter vol zou houden en dan in elkaar zou storten. Anderhalf jaar eerder deed ik het ook een keer zo en toen werd ik tweede. Toen dacht ik tot twee kilometer voor de streep: ik ga deze gewoon winnen. Nu waren de anderen nog iets beter en al snel dacht ik: oei, dit gaat eigenlijk net iets te hard. Maar ik dacht ook: misschien kan ik het vier kilometer volhouden. Ondanks dat ik heus wel weet dat ik het niveau niet heb, probeer ik het toch. Ik dacht alleen maar: oké, ik heb nauwelijks getraind, ben acht kilo te zwaar, maar mij maakt het geen fuck uit of ik hier nou straks 150ᵉ word, maar ik zou hier niet gaan opgeven. Ik werd vijfde. Ik had me helemaal kapot gerend natuurlijk, maar het was ook geweldig. Die over-mijn-lijkmentaliteit heb ik dus nog wel. En ik ga dus straks ook naar de echte top rennen, over dat pad dat daar loopt. Zie je dat ding daar?'

'Ja, daar gaan we straks wandelend naartoe, neem ik aan?'

'Daar gaan we heen – is nog wel even klauteren, denk ik.'

'Twee uurtjes?'

'Rennend niet. Misschien heb ik niet de juiste schoenen daarvoor aan, maar ja, ik heb zoiets ook ooit een keer gehiket op slippers...'

'Ik moet dus nu even tegen je zeggen dat je dit niet kunt?'

'Voor dat soort opmerkingen ben ik volledig immuun.'

'Dan zie ik je iets later daar boven wel.'

'Misschien dat ik dan toch nog even naar beneden ren om die goede schoenen te halen.'

We staan op een breed stuk asfalt. Voor ons het gondelstation en een restaurant. Verderop de houten bordjes die de weg naar de verschillende trails en shelters wijzen. 'Heb jij je hier nog zorgen gemaakt, over de achtervolgers, toen je deze klim op reed?'

'Zeker wel. Ik begon hun hete adem te voelen. Voelde me zeker niet veilig. Er was 600 meter hoogteverschil te overbruggen. Zou ik het wel gaan halen? Kon ik hier nog maar even aanzetten. Nog even meer geven, Tom. Klote. Weer wat steiler, verdomme, houd je kop erbij. Dat waren de dingen die ik wel zo'n beetje dacht, ja. Ik had dan wel een goed gat naar de achtervolgers, maar ik merkte dat ik zelf een beetje aan het stilvallen was. De power die ik in de vallei nog had was langzaam aan het verdwijnen, de krachten vloeiden weg en als de anderen die krachten nog wel hadden, dan zou dit wel een moeilijk verhaal worden, want een man als Rui Costa, die was in dit soort etappes echt wel een killer.

Ik had die dag op dit punt een voorsprong van ongeveer 30 seconden op de achtervolgers. Dat gaf mijn trainer Adriaan Helmantel mij door, hij was ploegleider die dag en reed in de auto achter me. Maar dertig seconden is niet veel hè, met één goede demarrage haal je er zo tien seconden vanaf en als ze nog iets dichterbij zouden komen, konden ze mij zien rijden. En dan is het één *poef* en ze zijn erbij. Ik probeerde koel te blijven maar niets menselijks is mij vreemd, dus ergens was er die paniek. Er renden wielerfans met mij mee. Ze waren enthousiast, maar ik was ook bang dat ze mij onbedoeld ten val zouden brengen. Ik raakte geïrriteerd, werd bijna kwaad op die meerenners. Dit was misschien wel mijn grootste dag tot dan toe in mijn loopbaan en dan zou een halve zool hier even de boel verstieren? Ik waande me pas veilig toen ik onder de rode vlag reed die de laatste kilometer tot de finish markeerde. Toen wist ik: je hebt het geflikt.'

'Waar lag de streep, denk je?'

'Ik denk hier ongeveer. Maar ik ga niet naar beneden voor een paar schoenen.'

'We moeten wel wat water hebben.'

'Kunnen we daar wel halen. Weet je, ik ga toch even naar beneden. Met die gondel – want anders wordt het dertig kilometer rennen en dat wordt te gortig. Dat verlies moet ik gewoon nemen – en dan ren ik omhoog. Dat is mijn eergevoel. En dan haal ik jou wel bij.'

Een halfuur later zie ik een stipje omhoog rennen. Net Forrest Gump in spijkerbroek. Als hij boven is, eten we snel wat en zetten daarna koers naar de echte top. Tom wijst naar een grote stalen ring die eromheen is gebouwd, een ronde balustrade waarvandaan je ongetwijfeld een prachtig uitzicht hebt over de omringende dalen. Vast nog lang lopen. 'Ik zie je daar!' roept hij.

De route voert over een steil wandelpad met grind, waar het stijgingspercentage soms meer dan 30 procent is. Tom is al snel uit het zicht verdwenen. Ik sjor mijn rugzak vaster en stap gedegen door. De pijn bijt in mijn kuitspieren. Even later krijg ik bericht op mijn telefoon, een video. Ik zie mezelf lopen over het pad. Tom is al boven en heeft me gespot. Twintig minuten later zitten we naast elkaar op een bankje en eten een stokbrood. We kijken rond, maken een paar foto's en volgen de vlucht van wat Tom denkt dat een lammergier is. Ik vraag hem waarom hij rennend naar boven ging.

'Ik zie die top en denk direct: daar wil ik naartoe en dan ga ik rennen. Dat had ik als kind al, dat heb ik nog steeds. Het voelt als spelen en het geeft me energie. Het is denk ik mijn talent om heel actief te zijn. Op de fiets kon ik dat hebben, maar het niveau bij de profs was zo hoog dat het bijna nooit als spelen voelde. Je was gewoon naar de kloten en dacht niet: o, ik ga nu even lekker dit doen. Mathieu van der Poel kan dat misschien, maar ik kon dat niet. Ik dacht nooit: nu ga ik even lekker demarreren. Maar er waren zeker wel dagen – vooral in het begin van mijn carrière – dat ik voor de fun probeerde mee te gaan in een ontsnapping, dat ik probeerde de bergtrui te veroveren die dag, in een kleine ronde bijvoorbeeld. Want waarom zou ik gewoon rustig in het peloton blijven zitten in een klein flutrondje? Kon mij het schelen. Ging ik gewoon lekker een beetje lopen kloten. Gewoon hard gas geven op een fiets. Lekker je eigen grenzen opzoeken en eroverheen gaan. Dat was net, toen ik die berg op rende, ook zo. Dan kom ik terecht in een andere wereld. In mijn eigen wereldje, door dicht bij mijn fysieke limiet te komen. Constant laveer ik dan onder, op en over de grens. Dan weer het tempo laten zakken, dan weer het tempo opvoeren. Het is spelen met je eigen grens, met je limiet, dus met jezelf en dat spel zorgt ervoor dat mijn bewustzijn verlicht. Bijna als drugs. De gedachtes die zijn uitgeschakeld, zoals in een tijdrit. Je bent als het ware uit je hoofd gestapt. Geen conclusies, alleen vaststellingen.'

Na een lange afdaling terug naar het eindpunt van de gondel en vervolgens een steil stuk waar in de winter op ski's afgedaald kan worden, lopen we naar beneden. Een behoorlijke aanslag op de gewrichten. Eenmaal op een terras in de stad met bier en chips, gaat het al snel over die tijdrit in de Ardèche in 2016 waarvan hij al wist dat die hem goed zou liggen. Een traject van 37,5 kilometer lang, het waaide die dag flink. Toch koos hij ervoor te rijden met een dicht achterwiel. 'Fuck it, dacht ik. Windkracht 7 of niet, ik had 's ochtends het parcours met de auto verkend en ik zou me niet van mijn plan laten weerhouden door de wind. Ik voelde geen angst, had dat plan in mijn hoofd en zat vol in de focus: boren en vooruit.'

Hij durfde alle risico's te nemen, sneed de bochten scherp aan. Hij ging er gewoon van uit dat de mensen op het laatste moment wel voor hem zouden wegspringen. 'Mijn ploegleider Marc Reef riep nog in mijn oortje: "Pas op voor die mensen! Ga er niet te dicht langs!" Waar heb je het over? dacht ik alleen maar. Kom op, ik wil hier die tijdrit winnen. Elke seconde telt, dan ga ik toch geen bocht breder nemen? Ik liet me echt nergens door afleiden.'

Tom won de tijdrit, met een minuut voorsprong op Chris Froome. Hij zette Rohan Dennis op meer dan anderhalve minuut achterstand en Tony Martin op meer dan twee minuten. Fabian Cancellara verloor dik drie minuten. 'Ik was daardoor direct de topfavoriet voor olympisch goud. Al voelde ik op dat moment nog geen extreme druk. Het was allemaal nog redelijk nieuw en vers en ik timmerde lekker aan de weg. Ik voelde wel druk, maar was tegelijkertijd vaak ook een *happy chappy*, die dan op die momenten lekker bezig was in zijn eigen bubbeltje, die zich wilde verbeteren en die één doel voor ogen had: in dat oranje tenue de gouden medaille winnen in Rio.'

Na de laatste rustdag maakte hij de keus de Tour rustig uit te rijden en zich in de laatste week niet te bemoeien met de schermutseling aan de kop van het veld. De Alpen-etappes zou hij benaderen als training en daarna was het nog een keer een goede klimtijdrit rijden, de achttiende etappe. Hij werd tweede, achter Chris Froome en wist: met deze benen zijn er mooie dingen mogelijk in Rio. Alleen nog even die laatste dagen overbruggen.

'We reden in de vallei – even opzoeken, ja, van Albertville naar Saint-Gervais Mont-Blanc – en ik bevond mij ergens achter in het peloton. Ik had zo bedacht dat ik mijzelf in een leuk groepje zou positioneren en rustig de slotklim op zou rijden. Op tachtig procent rustig naar boven rijden. In de vallei stond een beetje zijwind. We reden in een lint en de weg liep ietwat gluiperig omhoog, om daarna weer een beetje af te lopen. De vaart zat er goed in. We reden langs de kant van de weg en daar stond een muurtje. Een paar gasten schrokken blijkbaar toen ze dat in hun ooghoek zagen. Er kneep er een in zijn remmen. Het stroopte op, de harmonica trad in werking en ik besloot uit te wijken, naar rechts. De angst om te vallen dreef me weg. Ik wilde snel om het gevaar heen. Precies op het moment dat ik zwenk remt mijn voorganger, Bernard Eisel. Ik slinger over zijn achterwiel en kom terecht op mijn linkerpols, waarmee ik de val probeer te breken. Toen ik opstond wist ik gelijk: dit is niet goed. Ik stapte bij de tweede ploegleider in en we reden in de auto de laatste col op. Ik heb een uur lang gejankt. Niet van de pijn, maar van frustratie en verdriet. De droom van mijn leven was in rook opgegaan. Ik was in de vorm van mijn leven en nu zat ik met een gebroken pols op de achterbank. Bij de finish konden we röntgenfoto's maken in dat mobiele radiologiewagentje en daar bleek dat ik gelijk had: een hele mooie rechte breuk. Ik wist: Rio is voorbij.'

Bij de second opinion bleek dat de botten niet waren verschoven en dat zou ook niet meer gaan gebeuren. 'Dat betekende dat ik geen risico liep, dat ik de pijn moest zien te verbijten. Dan zou het nog steeds een lastig verhaal worden, maar het zou kunnen dat fietsen met een brace een kans bood toch te rijden in Rio.'

Dat bleek lastiger dan gedacht, hij ging zijn pols ontzien en kreeg last van zijn rug. Hij testte nog een keer in het criterium de Acht van Chaam, maar uiteindelijk ging het ook zonder brace niet. Hij stapte af en ondanks zijn kapotte pols hoopte hij dat de rustige bergetappes voor de val en de gedwongen rust zijn lichaam misschien toch goed hadden gedaan. Een paar dagen later vloog hij naar Rio.

4

Over mijn fucking lijk

'Ik vond het altijd geweldig om voor Nederland uit te mogen komen. Misschien wel mooier dan koersen voor je ploeg in teamverband. Je land verdedigen gaf mij een gevoel dat ik kende van het kijken naar het Nederlands elftal. Ik kijk ook liever naar Oranje dan naar wedstrijden in de eredivisie of de Champions League. Het WK voetbal of de Spelen, dat waren evenementen waar ik als kleine jongen naar keek. Dat ging om je land. Nu ik erover praat krijg ik weer kippenvel. Ik vind de Spelen zo'n gaaf evenement, met al die verschillende mensen, al die *freaks of nature* – lange basketballers, gespierde baansprinters, kleine turners, magere hardlopers – die daar zich in dat Olympisch dorp bewegen. Mijn speciale afwijking is dat ik een gigantische longinhoud heb, of misschien beter gezegd: een gigantisch hart-longvolume, met daarbij een redelijk atletisch lijf. Een enorme motor, maar met een beetje een gevoelige carrosserie, die bij het geringste hobbeltje al uiteen begint te vallen. Laurens ten Dam zei altijd: "Ik ben een werkpaard, jij bent een renpaard." Die hebben altijd wel ergens last van, hun hoefje, hun knietje, dan weer dit, dan weer dat. Ik weet dat ik niet de meest belastbare persoon ben. Als ik te veel intensiteit in mijn trainingen legde dan raakte ik snel vermoeid. Ik was altijd snel over het topje heen. Ik had gewoon meer rust nodig dan sommige anderen die maar door konden blijven gaan. Helaas kwam ik daar pas later in mijn loopbaan achter.'

De nationale selectie voelde voor hem als een warm nest en de wedstrijden voelden altijd als plezier, nooit als werk. Hij had dat gevoel al bij die eerste Nations Cup-wedstrijd in Portugal, waar hij die tijdrit won. 'De kleuren van je land verdedigen gaf mij trots en ik had altijd het gevoel dat ik dan iets meer kon dan anders. Soms wekten andere renners wel eens de indruk dat zo'n WK of Olympische Spelen een hinderlijke onderbreking voor ze was. Maar ik had dat dus niet. Ik had altijd het idee: wie doet me wat, ik ga hier alles geven. Ik voelde een verplichting, een goede extra druk door dat oranje tenue. Een verantwoordelijkheidsgevoel misschien. Het paste mij in elk geval, omdat ik dit ook niet per se van iemand hoefde te doen. Er was geen druk van een ploegleider, een teambaas, een grote sponsor. Er was ook nooit dat ploeggezeik. Deze druk kwam van binnenuit. Het was een intrinsieke motivatie, waardoor het voor mij ook wat vrijblijvender kon voelen. Het WK was een wedstrijd waarin ik iets autonomer kon zijn dan anders. Ik vond het ook altijd heel gezellig.'

Toen hij in Rio aankwam was het gevoel dat hij in Frankrijk had gehad verdwenen. Nauwelijks kunnen trainen was daar de oorzaak van. Het sprankelende was weg. Nog wel in vorm, maar geen topvorm meer. De bravoure die hij had, was ingetoomd. De eerste trainingsrit op de rommelige, slechte wegen in Rio was verschrikkelijk. Een pijnscheut bij elk steentje op de weg, hoe langer hij reed, hoe heftiger. Tot die pijn ondraaglijk werd en hij afstapte. De tranen kwamen in de auto.

'Toen ik later de verkenning deed van het wegparcours, ben ik weer huilend in de auto gestapt. Dit zou niet gaan lukken. Drie dagen voor de tijdrit kwam ik met Marianne Vos en Annemiek van Vleuten aan op een uitkijkpunt, met een mooi panorama op Rio. Ook daar heb ik wel wat moeilijke momenten gehad waar ik wat heb moeten wegslikken. De droom leek onhaalbaar. Maar daarna voelde ik dat het langzaam in mijn hoofd begon om te draaien. Mijn kop werd weer hard. Ik dacht alleen maar: fuck jullie allemaal, fuck de wereld, ik ga er straks verdomme alles eruit halen wat erin zit.'

Hij vond het parcours van de tijdrit fantastisch. Toen hij vertrok ging het nog best aardig ook, alleen had hij veel last als hij moest remmen voor scherpe bochten. 'Na bijna 55 kilometer was mijn achterstand op Fabian Cancellara 45 seconden. Dat vertelde mij dat ik niet door het ongemak als tweede eindigde in die tijdrit, maar door de trainingsachterstand. Ik had de benen van de Tour moeten hebben. Ik denk dat ik 20 seconden verloor door die pols – niet soepel door de bochten kunnen gaan en niet hard kunnen optrekken. Houd ik nog 25 seconden over die ik op een andere manier had moeten zien te overbruggen. Ik was enorm teleurgesteld. Ik was verslagen door een graatmager geworden man die in Rio zijn allerlaatste wedstrijd reed en die ik half juli in de Tour in een kortere tijdrit nog op ruim drie minuten had gereden. Wat je zegt: een spectaculaire vormstijging.'

Hij gaat door die zilveren medaille niet ongelukkig het graf in, maar echt verguld is hij er ook niet mee. Trots wel, dat hij die medaille onder die omstandigheden heeft gewonnen. 'Ik had aan mezelf laten zien dat ik hard in mijn kop kon zijn. Dat ik een over-mijn-lijkmentaliteit bezit en dat ik niet in een gat van zelfmedelijden ben gaan zitten ondanks dat ik me drie weken lang ellendig heb gevoeld. Ik kreeg in Rio weer de bevestiging dat ik op het moment suprême kon denken: over-mijn-fucking-lijk. Ik realiseer mij dat mensen vaak denken dat het mij allemaal maar kwam aanwaaien, dat ik een beetje nonchalant door het leven hobbelde, dat ik lekker op mijn talent fietste en af en toe een mooie wedstrijd kon winnen. Zo presenteerde ik me ook naar buiten toe. Jarenlang heb ik een beetje dat flegmatieke persoontje uitgehangen. Ik probeerde een luchtige kant van mezelf te laten zien omdat ik het in werkelijkheid voor mezelf juist heel belangrijk en zwaar maakte. Ik was enorm gestrest, sliep vaak slecht en raakte hoe langer hoe meer uit balans. Ik wilde de beste zijn en om dat te bereiken moest ik er keihard voor werken. Het kwam altijd uit mijn tenen. Maar dat was op een gegeven moment niet meer vol te houden.'

De volgende dag verlaten we Andorra. Als we de rommelige verzameling gebouwen achter ons laten en de weg van de rivier volgen die ons terug naar Barcelona zal brengen, zien we in de verte een renner op de pedalen staan. Eentje van DSM, het oude Skil-Argos-Giant-Alpecin-Sunweb. *'Hey Tus!'* roept Tom, die het raam naar beneden heeft laten zoeven. 'Is Martijn Tusveld. Dacht ik al te zien.' Ze hebben ooit nog een jaartje in dezelfde ploeg gezeten.

'Herinneringen maken wie je bent,' zegt Tom als hij na een praatje het raam weer sluit en we de snelweg op draaien. 'Je bent volgens mij wat je je herinnert. Denk je niet? Je bent opgebouwd uit herinneringen. Herinneringen bepalen hoe je naar jezelf kijkt, hoe je omgaat met tegenslagen en teleurstellingen, maar ook met vreugde. Al die dingen zeggen iets over hoe ik in het leven sta, over mijn karakter en wie ik ben. Die zege op de Arcalís was een belangrijk moment in mijn leven. Als je het wat zwaar zou aanzetten zou je kunnen zeggen dat ik daar mezelf vond, dat ik hier begreep wat ik kon. Ik vind mijzelf inmiddels best een doorzetter. Iemand ook met tactisch vernuft. Ik weet dat ik in het moment bezig kan zijn – met een doel – en dat ik daar gericht naartoe kan werken. Je hebt een plan, voert dat uit en je denkt in de koers: hoe ga ik winnen? Hoe breng ik alle factoren samen die ik onderweg tegenkom? De renners, hun aanvallen, het parcours, de staat van je eigen benen, je onzekerheid en je zelfvertrouwen; je brengt alles samen tot één gerichte actie, tot één doel: ik wil dadelijk met mijn handen in de lucht juichend als eerste over die streep daar verderop. Je leert dat je rustig moet blijven en je merkt dat je dus rustig hebt kunnen blijven terwijl je dat doel in je hoofd heel groot hebt gemaakt. Ik kon in deze setting rustig blijven en best wel koelbloedig die finale rijden. Ik besef dat je ook geluk moet hebben en dat de benen goed moeten zijn die dag, maar ik heb wel zelf die situatie gecreëerd om mezelf de kans te geven om het te kunnen afmaken. Ik vind het leuk te weten dat ik daartoe dus in staat ben geweest en die gedachte sterkt me voor de rest van mijn leven. Toen ik bij Jumbo-Visma reed, merkte ik dat deze wetenschap mij kon helpen. Ik had die laatste jaren weinig zelfvertrouwen en vond mezelf een mislukkeling. Ik merkte het ook deze dagen in Andorra weer. Dat gevoel kwam dus terug toen we op de heenweg bij dat hotel stonden, die nare herinneringen drongen zich weer op. Maar nu we de Arcalís zijn op gelopen, daar boven zaten, dan realiseer ik me dat het niet allemaal ellende was, dat ik niet alleen maar een onzeker, teruggetrokken tobbend kereltje was. Dat ik ook periodes fucking goed was en dat ik ook fucking goed dúrfde te zijn. Die wetenschap, dat besef dat hier naar boven komt, dat maakt dat dit wat wij nu doen voor mij een belangrijke reis is. Het heeft me geholpen hier te zijn.'

DEEL 3

1

Oropa

We rijden over de snelweg die Milaan en Turijn met elkaar verbindt. Ons reisdoel is het plaatsje Oropa, waar boven in de bergen het grootste heiligdom van de Alpen staat. In een grote basiliek en een gebouwencomplex dat Sacro Monte di Oropa heet, eren gelovigen de maagd Maria. In de slotbeklimming naar het plein voor het gebouwencomplex versloeg Tom in 2017 tijdens de veertiende etappe van de Giro zijn grote concurrenten Nairo Quintana en Vincenzo Nibali in een direct gevecht. Hij had na die dag 'het roze nog steviger om zijn schouders', zoals dat in het wielrennen heet. Volgens Tom zelf is het zijn mooiste overwinning in de Giro. Iconisch zelfs, omdat de beelden van deze zege vaak worden vertoond.

Omdat onderweg de naam van Laurens ten Dam al een paar keer is gepasseerd en Tom al in een eerder stadium heeft verteld dat hij voor hem tijdens de Giro van groot belang was, stel ik voor om hem te bellen. Wie weet neemt hij op en we hebben nog wel even voordat we er zijn.

Ik wil graag een gesprek voeren over Ten Dams rol als mentor van Tom in de Giro van 2017. Een paar weken eerder vertelde Tom op het kadeterras in Amsterdam dat Ten Dam voor hem die drie Italiaanse weken een baken van rust was geweest. Bij Ten Dam kon hij na de etappe in de veilige, beschutte omgeving van de hotelkamer zichzelf zijn, hoefde daar niet de rol van kopman te spelen voor zijn teamgenoten en de buitenwereld. Bij Ten Dam kon hij na de koers in alle vertrouwen zijn twijfels uiten. Als hij na zo'n gesprek de gang op liep kon hij zijn rol als kopman weer aan.

'We hadden het er al eerder over, dat mensen van mij dachten dat het me allemaal een beetje kwam aanwaaien,' zegt Tom.

'Een flegmatieke uitstraling, die had je inderdaad wel, ja. Was dat een houding?'

'Ik deed nonchalant om het voor mezelf een beetje luchtig te houden, maar als het er echt om ging wilde ik de beste zijn van allemaal. En blijkbaar had ik een maniertje ontwikkeld dat het er ook uitzag alsof het weinig moeite koste, terwijl het juist veel heeft gekost. Anders was ik de laatste jaren van mijn loopbaan bij Jumbo-Visma natuurlijk ook nooit zo naar de klote gegaan. Ik had in die goede jaren het nonchalante persoontje uitgehangen terwijl ik ondertussen megagestrest was en nauwelijks sliep.'

Als Ten Dam na een aantal seconden opneemt – aan de beltoon horen we dat hij zich in het buitenland moet bevinden – blijkt hij in Amerika te zijn waar hij zich aan het voorbereiden is op een belangrijke gravelwedstrijd. Gravellen is hot en Ten Dam, die in 2019 zijn laatste profseizoen reed, is gewoon stug door blijven fietsen. Hij behoort tot de wereldtop in het gravelen, waar wedstrijden langer dan 300 kilometer geen uitzondering zijn. Daarnaast is hij host van een populaire wielerpodcast waar ze het hebben over fietsen als een levensstijl, met bijbehorende gesprekken over koffie, wijn, bier, kampvuren, verzetten, schijfremmen en waarin stoere verhalen over vroeger worden afgewisseld met interviews met actieve renners en coaches.

Ten Dam – op twee dagen na precies tien jaar ouder dan Tom – was vanaf 2016 drie seizoenen de belangrijkste teamgenoot van Tom in de grote rondes. Ten Dam werd in 2008 professional en eindigde in 2014 als negende in de Tour. In totaal startte hij achttien keer in een grote ronde.

'*Hey guys*,' roept Ten Dam. 'Hoe is-ie daar? Onderweg zo te zien. Wat zijn jullie aan het doen?'

Tom vertelt over onze reis en het boek en Ten Dam laat via de beeldverbinding zien hoe het huis van een bevriende Amerikaanse renner eruitziet. Hij verblijft daar samen met zijn voormalige manager in voorbereiding op de Unbound. We besluiten snel de videoverbinding te verbreken omdat de beeldverbinding bij ruim 100 kilometer per uur hapert. Audio is genoeg.

Ten Dam begint te vertellen dat hij niet per se heel bewust die vaderlijke rol aannam toen hij in 2016 bij de ploeg kwam. Ze kenden elkaar al vanaf 2013 toen Tom begon mee te trainen met Ten Dams groepje met gearriveerde profs waartoe ook Karsten Kroon en Jos van Emden behoorden. Hij wil er maar mee zeggen dat Tom voor hem niet iemand anders werd toen hij als kopman naar de Giro ging en Tom had het gevoel dat hij zichzelf kon zijn bij de ervaren renner. 'Terwijl ik buiten die kamer het masker opzette van de onaantastbare kopman, of zoiets. Met Lau had ik heel andere gesprekken dan met de ploegleiding. Die waren er toch vooral op uit om mij te laten presteren.'

'Wat ik me herinner,' zegt Ten Dam, 'is dat je die Giro best wel eens twijfels uitte over de staat van je benen, maar dan had ik steevast hetzelfde antwoord: "Het maakt me niet uit Tom, als je maar zo hard als je kunt naar de finish rijdt en alles geeft. Je blijft voor mij altijd gewoon Tom, of het nou lukt of niet."'

Volgens Ten Dam was het juist goed dat Tom zijn twijfels voor zich hield. Als je aan je team laat merken dat je het ook niet precies weet, dan sluipt er bij de anderen ook onrust in het lijf. 'Je moet uitstralen dat je de zaken onder controle hebt en dan kon hij tegen mij die twijfels wel uitspreken.'

Tom geeft toe dat hij in lange etappes best vaak twijfelde aan de staat van zijn benen. Dat hij een klim voor zich zag opdoemen en zich afvroeg hoe dit allemaal ging aflopen, hoe hij in hemelsnaam Quintana en Nibali van zich af moest zien te houden. Hij vond het fijn dat Ten Dam, die in de jaren ervoor ook nog voor een goed eindklassement kon rijden – twee keer top 10 van een grote ronde – in de buurt was. Ten Dam vertelt dat hij in de ploeg op dat moment de enige was die met Tom kon '*relaten*'.

Zelf had Ten Dam vooraf niet direct het idee dat ze in Italië met Sunweb wel even 'de boel zouden gaan oprollen'. Ze hadden ook nog een neo-prof mee naar Italië, maar dat werd volgens Ten Dam opgevangen met een goede mindset. Ze waren lekker 'aan het werk' geweest op hoogtestage op Tenerife, met ook Chad Haga erbij en er was vooral rust om hen heen. Ten Dam kalmeerde Tom een paar keer als hij wat geïrriteerd raakte over details, die hij volgens hem gewoon naast zich neer moest leggen. 'Ik weet nog dat ik zei: "Tom, het gaat erom dat je het ruikt als Nairo Quintana straks een keer een slechte dag heeft en hem dan direct de nek omdraait." Dat deed je fenomenaal in die rit naar Oropa.'

'Maar we waren niet in de veronderstelling dat ik even top 5 zou gaan rijden in de Giro,' zegt Tom. 'Ikke niet. Jij wel?'

'Ik weet nog dat we op Tenerife een keer zaten zo van: zevende zou moeten kunnen.'

'Daar zou ik prima tevreden mee zijn geweest en jij ook, denk ik. Dit was de eerste keer dat ik echt voor het klassement zou gaan in een grote ronde en dan zou een achtste plaats ook goed zijn, dan zou het een mooie stap zijn in mijn ontwikkeling. Op die manier kon ik een beetje druk bij mezelf weghalen.'

'We gingen niet naar Italië met het idee dat Tom even die Quintana en Nibali ging kloppen. Dat geloof kregen we pas na die etappe naar Blockhaus, een week eerder of zo. Quintana won, maar jij werd daar derde.'

'De dag daarna won ik die tijdrit en pakte ik het roze.'

'Maar hey mannen, hebben jullie nog vragen? Ik moet eigenlijk effe door. Vond het gezellig.'

Als we de snelweg verlaten komen we terecht in de wirwar van Piemonte waar het toch nog even zoeken is naar de juiste route. We hebben op de boordcomputer 'Oropa' ingetoetst, maar we willen niet de snelste route naar de top, we willen over de route van het parcours van toen naar boven. De weg wordt aan beide kanten omsloten door bamboestruiken die heen en weer zwiepen in de wind. Af en toe krijgen we een blik op de natte akkers erachter, waarop ze risotto-rijst verbouwen.

'Hoe heet het hier?' Tom beweegt zijn vingers over het scherm van zijn telefoon en vergroot de pdf met de route van die 20e mei, maar voor we het weten zijn we het gehucht alweer gepasseerd. Boven ons hangen zwarte wolken, volgepakt met regen, die zich uitstrekken tot de uitlopers van de Alpen voor ons. Het is midden op de dag, maar bijna donker.

Over een paar kilometer Biella, zegt een bordje langs de weg. Dat klinkt bekend. 'Biella moeten we hebben, dat is goed,' zegt Tom. 'Vandaaruit gingen we de bergen in, dat herinner ik me nog.'

We rijden het stadje in. Tom kijkt af en toe op, maar is hoofdzakelijk op zijn schermpje gericht. We kruisen een paar keer de loop van de Cervo. Het water stroomt behoorlijk woest naar beneden. 'Via Chena? Oké, dat is goed, draai maar daar. Of nee, we moeten even terug en dan daar rechts. Nu daar, dáár, naar links.' Om ons heen zien we vervallen fabrieken. 'Bij de rotonde naar rechts, bij dat tankstation, denk ik. Zullen we daar even koffie halen? Ja, we zitten nu goed, kijk hier dat tankstation van Q8. Kijk, hier kwamen we langs en daar was het al onmogelijk om op te schuiven. Het was een langgerekt lint en de positie die je daar hebt is ook de positie waaraan je aan de klim gaat beginnen.'

Rijden in een peloton vergelijken renners vaak met het ronddraaien van een wastrommel. Het is vooral van belang je kalmte te bewaren. Niet in paniek raken als het een keer minder florissant verloopt. Dat kan gebeuren. 'Voor je het weet zit je in een verkeerde stroom, rijden de anderen je in een flits voorbij en word je verder en verder naar achter gedrukt. Niks aan te doen, gewoon rustig wachten om te zien of de flow weer jouw kant op komt. Je hebt altijd een paar van die momenten in een etappe. En als het waait is dat soms elke paar kilometer het geval. Dan ben je aan het einde van de dag echt kapot, de hele dag die adrenaline in je lichaam. Maar op deze dag was het maar op één punt. Die bocht naar links van net. Bij het station.' Hij weet nog dat Laurens ten Dam die dag een paar keer naar hem toe kwam met de vraag hoe de benen waren. Ik ben goed, antwoordde hij telkens.

Dit was zo'n snelle, vlakke aanloop en Tom wist hoe die aan te pakken. In de voorgaande 100 kilometer was er rustig gekoerst, waardoor alle ploegen het voornemen hadden hun kopmannen eens even goed aan de voet van de klim af te zetten. Ze begonnen daar als een bende dolle stieren richting Oropa te rijden. 'Dat gingen wij dus mooi even niet doen, want ik voelde me zo goed. Het zou wel goed komen op die klim.'

De weg loopt omhoog, we rijden over smalle straatjes tussen huizen en boomgaarden. Voor Tom was het tactisch misschien wel een van de makkelijkste etappes van die Giro. Ze zouden lekker gaan meesurfen, aan de klim beginnen met een hartslag van 165 in plaats van 185 slagen per minuut, en dan die klim op rammen.

'Ik begon altijd wat rustiger. De meesten gaan in het begin al te snel in het rood rijden. Zet maar eens het gemiddelde wattage over zo'n hele klim af tegen het wattage dat ze rijden op de eerste twee à drie kilometer. Dat slaat helemaal nergens op. Als je al zo vroeg over je drempelwaarde heen gaat, kilt je dat op het einde. Mijn tactiek was vaak: bespaar energie op die eerste kilometers, ga gewoon tien watt minder rijden. Dat scheelt je zoveel. Ik surfte dus mee bij de eerste dertig en omdat het na die eerste kilometers vooraan altijd wel een beetje stilvalt, ben je er met vijf goede pedaalstroken weer bij, bij wijze van. Dat was precies wat er gebeurde. Ook wel makkelijk praten als je goede benen hebt natuurlijk. Ik had de beklimming nog nooit gedaan, maar de avond ervoor wel op YouTube een filmpje bekeken, van de zege van Marco Pantani.'

Voor ons een hoge piek waar eeuwige sneeuw op ligt. Het stijgingspercentage valt hier nog mee. Het is weer gaan regenen. 'Het zou hier niet in brokken gaan breken want elke renner kan dit. Kijk, hier vlakt het alweer wat af. Ik deed daarom ook niets geks. Ik bleek de lachende derde te zijn, wachtte rustig af, zat hier in veertigste positie, denk ik.'

Het was Quintana die als eerste een aanval plaatste, iets meer dan vijf kilometer voor de finish. 'In deze bocht ben ik achter hem aan gesprongen. Hier, op dit schuine stuk. Ik weet nog dat ik dacht: kut, je mag hem nu niet laten rijden. Daar was hij veel te goed voor. Ik ging er op een tijdritachtige manier achteraan.' Hij keek niet op zijn wattagemeter. Reed op gevoel, tegen de limiet, niet erover. 'Hier loste ik Nibali, en had ik echt mijn ritme gevonden. Ik bleef maar doorbeuken. Na afloop zei Nibali voor de camera's dat hij dat indrukwekkend vond. Hij was het natuurlijk niet gewend dat een Nederlander van 72 kilo hem loste. Ik was dat trouwens zelf ook niet echt gewend en die lange bergritten lagen mij minder. Dit was me echt op het lijf geschreven. In één keer twintig minuten tot een halfuur met mijn verstand op nul alles geven wat ik had.'

Op anderhalve kilometer voor de top versnelde hij maar loste Quintana niet en ook Ilnur Zakarin, de Rus, zat nog bij hem in het wiel. Geen van tweeën wilde het van hem overnemen. Hij bleef op 95 procent doorrijden, omdat hij Pinot en Nibali op grotere achterstand wilde zetten. Dan maar geen etappeoverwinning, dacht hij. Hij was al bezig met de eindzege. 'Ik stond ruim twee minuten voor op Quintana. Met nog een week te gaan en nog wat zware bergritten met vijf beklimmingen erin en zo, maar ik voelde me goed. In de laatste honderden meters voor de streep reed Zakarin nog voorop, loste Quintana en bleef ik eraan hangen. Op 75 meter van de finish zette ik nog een keer aan, haalde Zakarin bij en won.'

Als we boven zijn parkeren we de auto. De keitjes glinsteren van de regen. Achter ons het gebouwencomplex en hoger op de heuvel de grote basiliek. Tom loopt de andere kant op, een stukje naar beneden. 'Hier lag de streep. En kijk, dit bord.'

OROPA, MONTAGNA PANTANI:
1963 VITO TACCONE
1993 MASSIMO GHIROTTO
1999 MARCO PANTANI
2007 MARIZIO BRUSEGHIN
2014 ENRICO BATTAGLIN
2017 TOM DUMOULIN

'Wil je er met mijn telefoon een foto van maken? Ga ik erbij staan.'

'Vind je dat leuk, onderdeel zijn van de wielerhistorie?'

'Eerst niet zo, eerlijk gezegd, maar later meer en meer. Toen ik in 2016 op Arcalís won, had ik in alle drie de grote rondes een etappe gewonnen en toen werd het mijn droom om elke grote ronde een keer te winnen.'

2

Autonoom

'Lijkt wel Maastricht op zondag.' We zijn in Bormio, 300 kilometer ten westen van Oropa, in de zomermaanden een mooie uitvalsbasis voor wielertoeristen die een keer de Stelvio of Gavia willen beklimmen. De klokken van de zalmroze kerk beieren, het galmt over het pleintje. Tom zat hier vaak als hij in de buurt, in Livigno, op hoogtestage was. De ober komt langs. 'Nice bluetooth, hè,' zegt hij luid. Uit de kleine speakers die hij heeft opgehangen aan de gevel van zijn restaurant komt het geluid van liefdeloos ingespeelde covers van popklassiekers. We bestellen cappuccino.

Een jonge moeder die verderop is komen zitten zoekt onze aandacht. Ze is al een paar keer voorbij komen lopen op weg naar de receptie/keuken van het restaurant waar ze de ober hoopte te treffen. Het is duidelijk de bedoeling dat we naar haar kijken. Als ze even later bij ons tafeltje komt staan, vraagt ze met Rotterdams accent of we broers zijn. En of Tom ook een wielrenner is? Net als haar vriend, zegt ze er snel achteraan, die nu een berg aan het bedwingen is.

'Nee,' zegt Tom, 'ik ben geen renner meer.' Ze is verbaasd als hij zegt dat hij professional was. Of ze dan op de foto mag? Voor haar vriend, natuurlijk. Geen punt. Ze zet haar zonnebril weer terug in haar haar als ze op weg is naar haar tafeltje.

Nadat we gisteren wegreden uit Oropa haalde Tom bij een apotheek nog wat paracetamol en ibuprofen. Hij voelde zich nog steeds moe ('mijn kop ploft bijna uit elkaar') en vermoedt dat het nog altijd een uitvloeisel is van die laatste profjaren. 'Als renner heb je dat op dat moment helemaal niet door, die stress. Jarenlang lopen gas geven op adrenaline en dopamine. Het put je uit. Vandaar dat ik me sinds ik gestopt ben nog steeds zo ontzettend moe kan voelen.'

Het duurde niet lang voordat Tom tijdens onze rit hiernaartoe in slaap viel. Toen hij na een uurtje wakker werd en we koffie hadden gehaald bij een tankstation, passeerden we Milaan en dus ook Monza. We wilden de chronologie van de Giro aanhouden dus voordat we in Monza op het circuit zouden gaan kijken – waar Tom aan de beslissende, afsluitende tijdrit begon –, moesten we eerst de bergen in, naar de plek waar het in de laatste week van de Giro nog bijna misging.

We reden noordwaarts langs het Comomeer, het werd donker. In de heuvels fonkelden de lichtjes van de villa's die er verscholen lagen. We bespraken het verschil tussen Nederlanders en Italianen. Hij besefte dat hij generaliseerde en dat er natuurlijk genoeg Nederlanders waren die hem wel op een leuke manier benaderden, maar hij kon het ook niet laten verschillen te benoemen. '*Hey Tom! Fantastische prestaties! Geweldig wat jij kunt, ik heb je altijd gevolgd, echt geweldig*,' zeggen Italianen als ze hem aanspreken. '*Zou ik met je op de foto mogen? Och ja, geweldig, dank je wel en succes, hè!*' Nederlanders zeggen doorgaans iets in de trant van: '*Hey Tom, moet je niet fietsen?*' Als hij op straat wordt aangeschoten, in de supermarkt of bij de bakker, zeggen ze dat ze het fietsen niet zo volgen, maar dat hun opa wel elke koers voor de tv zit. *'En ja, eigenlijk ken ik jou helemaal niet, maar zou je voor mijn opa...?'*

'Ik vraag me dan echt af waarom mensen denken dat ze je eerst klein moeten maken? Nederlanders vinden zichzelf zo nuchter, maar dan moet je ook niet aan mijn deur gaan staan met de vraag of je alsjeblieft een shirtje van me mag, of in een restaurant tegen me beginnen met van die zogenaamde grapjes. Als je mij dan lastigvalt – en al die mensen om je heen verder niet, maar mij wel – doe het dan met een reden en zeg gewoon dat je het fantastisch vindt wat ik deed en dat je het gaaf vindt om een handtekening te krijgen. Dan vind ik het geen enkel probleem, geef ik je die handtekening en vind ik het leuk dat jij daardoor een leuke dag hebt. Maar het is hun eigen ongemak dat ze bij mij neerleggen met een zogenaamd grapje om negen uur 's avonds in een restaurant. In Italië gebeurt dat gewoon niet. Gewoon niet! Nooit meegemaakt.'

Hij haalde Johan Cruijff aan en de Nederlandse gewoonte om grappen te maken over zijn verbasterde uitspraken. In Italië zouden ze wel oppassen hun helden voor schut te zetten. 'Italianen zijn niet bang om hun helden te vereren, ze geven zoveel warmte en passie. Ze kunnen bewonderen, hebben respect voor wat je kan of kon. Daarom vind ik het fijn hier te zijn.'

Toen we het hooggebergte naderden moesten er blijkbaar ook nog wat andere zaken van zijn lever. Dat die Alpe d'Huez eigenlijk een feestberg is, met alle respect natuurlijk. Toegegeven: in de Tour was het best héél leuk hem op te rijden, juist door dat feest en die supporters vijf rijen dik, maar echt snappen doet hij dat ook weer niet. Wel dat het feest is – ik kan niet wachten om daar met vijf vrienden en een paar kratten bier langs de kant te staan – maar waarom is van alle beschikbare bergen in de directe omgeving juist deze berg gekozen? Er zijn zoveel mooiere. Het is niet alleen een klim van niks, er is ook nog eens geen mooi uitzicht te bekennen daar. 'Dit hier, dat is toch veel mooier? De Gavia is de mooiste berg die ik ken. Helemaal als je vanaf Ponte di Legno de beklimming doet. Het is ruig. Het is er rustig en je bent al snel boven de boomgrens. Het is op de top niet zo'n half dorp aan toeristische shit als op de Stelvio. Mijn favoriete trainingsrondje vanuit Livigno ging ook over de Gavia. Livigno, naar Bormio, stukje vallei, dan de Mortirolo op, vanuit Mazzo. Vanaf de echte kant dus. Dan de afdaling, beneden linksaf naar Ponte di Legno, daar de Gavia op, afdalen en dan via Bormio terug naar Livigno.'

Vervolgens moest het 'ongelooflijke kabouterwereldje' dat het wielrennen volgens hem was eraan geloven. Regenkleding, Dixie-toiletten en hotelkamers. Een paar zaken die hem dwarszaten. Zoals de momenten waarop de ploeg uit financiële overwegingen wel eens wisselde van kledingsponsor. Dan kon je pech hebben, zoals in 2019. De normale kleding van Craft was wel oké, maar hun regenjasjes waren echt beroerd en omdat Tom slecht tegen kou kan, vreesde hij de regen. 'Mijn benen blokkeerden dan gewoon, kreeg ik mijn hartslag niet boven de 160 en werkte mijn spiercontractie gewoon niet meer optimaal. Gaat een slecht regenjack dan zorgen dat ik maanden van voorbereiding voor niks heb gedaan omdat ik ziek word in een regenetappe? Ik kocht online zwarte jasjes van de ouwe sponsor Etxeondo en plakte het merkje dan maar af.' Hij moest erom lachen. 'Dan die toiletten. Reden we de UAE-Tour, in de woestijn. Stonden we voor de start bij een of ander schooltje dat een van die sjeiks had gefinancierd. Allemaal belangrijke renners natuurlijk, want het was World Tour, dus daar stonden we op die parkeerplaats. Geen teambussen, dus we kleedden ons om onder een partytent, waar het publiek gewoon doorheen banjert. En waar moet je je behoeften doen? Hebben ze één mobiele toilet neergezet. Staan dan twintig man – de beste renners ter wereld, hè – te wachten om voor de koers te mogen kakken. Dat is toch geen topsport? Slaat toch nergens op? Staat er bij Ajax publiek in de kleedkamer voor een Europa-Cup-wedstrijd? Bij ons gebeurt dat wel. Die tijdrit in Monza, hè? In de bus is het rustig, maar kom je buiten, dan staan daar vijfhonderd man om een handtekening te vragen. Er krioelt van alles om me heen en ik moet me dan maar even zien te concentreren. Zes minuten voor ik van start ga vragen mensen nog: "Hey! Tom! Handtekening!" Dat heeft toch niks meer met charme te maken? Dat is gewoon belachelijk. Ik voelde me dan altijd echt een kaboutertje.'

Om maar niet te beginnen over die hotelkamers. Dan had je Tom Dumoulin in je ploeg, betaalde je hem een dik salaris, richtte je een groot deel van het jaar in om de Tour te kunnen winnen en dan leg je die renner – of welke renner dan ook – met een andere renner op een kamer. Iemand die hij misschien helemaal niet mag, iemand die snurkt, zoals Yuki Doi deed voor Toms profdebuut, iemand met een ander slaapritme, die niet om tien uur maar om twaalf uur pas het licht uitdoet, die nog wil lezen, gamen of bellen met een geliefde op een ander continent. 'Wat voor een wereld is dat, joh!'

Hij kon het niet verkroppen dat renners kamers moesten delen terwijl ploegleiders apart sliepen. Natuurlijk krijgen teams van de koersorganisatie een aantal kamers toegewezen, maar waarom dan die ploegleiders niet ook bij elkaar? Of de arts en de osteopaat? Als ze een cameraploeg meenemen ligt die crew toch ook niet samen? Dat hebben ze contractueel afgedwongen. Maar wie liggen er wel samen? De jongens die de Tour moeten winnen. 'Dan heb ik toch het idee dat ik op een fucking schoolreisje ben? Of niet dan? En iedereen in het wielrennen schermt de hele tijd met dat het "altijd al zo is gegaan", maar wat is dat voor gedoe? Ik ergerde me rot aan zulke dingen. Ik heb het tig keer aan Iwan gevraagd, de teambaas van Sunweb. Telkens kreeg ik hetzelfde terug van hem, en niet alleen bij deze vraag, maar bij elke vraag: "Als ik jou dat geef, willen alle anderen dat straks ook, want die vinden het ook prettig om alleen te slapen en voor je het weet wil iedereen dat. Dat kan toch niet, Tom? Weet je wel niet wat dat op jaarbasis zou kosten?" Maar al die ploegen geven wel tonnen uit om iedereen een op maat gemaakt tijdrituurtje te kunnen geven waarvan je je kunt afvragen of dat nodig is. Volgens mij gaat iedereen vooral harder rijden door een goede nachtrust. Toen ik eind 2019 naar Jumbo-Visma ging heb ik dit gewoon geëist. Bij wedstrijden een eigen kamer. En dat kon toen ook.'

Op het terras in Bormio heeft de vrouw haar tweede glas wijn besteld. De ober roept even later heel hard 'prego!' en serveert ons een ontbijt. We kwamen gister laat aan en nadat we nog net ergens eten hadden kunnen bestellen voordat de keuken sloot, besloten we al dat we het ontbijt in het hotel de volgende ochtend over zouden slaan. We hadden veertien uur gereden. Een keer de wekker om elf uur zetten kon wel, volgens ons.

Het terras waarop we nu zitten ligt op 1200 meter boven zeeniveau. Volgens Tom is het effect van deze ijlere lucht – een effectievere zuurstofopname – op grote hoogte, bijvoorbeeld tussen de 2000 en 2500 meter, voor een wielrenner minder groot dan men denkt. Hij vermoedt bovendien dat er veel meer fysiologische variabelen van invloed zijn op je lichaam als je op hoogtestage bent. Het gaat niet alleen om het aantal toegenomen aantal rode bloedcellen. 'Misschien ben ik wel heel erg op de millimeter aan het uitleggen, maar er is in onderzoeken aangetoond dat het lichaam op hoogte in fysiologische zin verandert. En om die fysiologische verandering te meten wordt er in onderzoek vaak gekeken naar de verandering in het bloed. Op hoogte maak je meer rode bloedcellen aan. Maar het is aannemelijk dat er nog veel meer fysiologische veranderingen plaatsvinden. Meer bloedplasma, meer mitochondriën in de cellen, een efficiëntere ademhaling door het trainen van de ademhalingsspieren. Daar komt nog eens bij dat ook de omgeving meehelpt in het beter worden. Je fietst elke dag grote en lange beklimmingen en je bent als een monnik op hoogte puur en alleen bezig met je sport en met beter worden. Al die fysiologische en omgevingsfactoren opgeteld maken dat een hoogtestage bij mij, maar ook bij veel andere renners, behoorlijk watwinst oplevert. Het is dus niet alleen die verandering in het bloed. Die verandering is maar een klein deel van de totale winst van zo'n trainingskamp. Als je als renner meer in de bergen traint, ga je vanzelf beter klimmen. Je wordt gewoon beter in wat je traint.'

Veel duurtrainingen in de warmte zorgen volgens hem ook voor meer bloedplasma, meer bloed in je lichaam. Maar al die onderzoeken naar hoogtestages, die zijn niet allemaal even betrouwbaar, omdat ze niet uitgevoerd zijn met topsporters, maar veelal met amateurs die goed getraind zijn. 'Het enige significante nummertje dat je op dit vlak echt goed kunt meten is je eigen bloed en ook je ademhaling schijnt efficiënter te worden op hoogte, maar hoe meet je je *breathing muscle memory*? Bij Sunweb hebben we daar altijd lange discussies over gevoerd en uiteindelijk kwam het er voor mij altijd op neer dat ik na drie weken trainen op hoogte het gevoel had dat ik een totaal andere renner was geworden. Dat is niet alleen mijn mentale gevoel, want dat is flauwekul, maar ook fysiologisch werd ik beter. Met mijn trainer Hendrik Werner sprak ik daar veel over. Hij zag ook die zwakke punten in die onderzoeken en dus kon je ze niet letterlijk overnemen, maar al die verschillende onderzoeken samen vormen wel een beeld in je hoofd, waaruit je de punten moet zien te pikken die goed op jou toepasbaar zijn. Samen met Hendrik die puzzel maken vond ik altijd geweldig.'

Als ik hem vraag wat gevoel voor hem betekent, blijft het even stil aan de andere kant van het tafeltje. Hij neemt een slok van zijn verse koffie. 'Daar heb ik nu even geen antwoord op,' zegt hij. Maar dan, na een korte stilte: 'Je kunt toch niet anders dan naar je gevoel luisteren? En interpreteren wat dat kan betekenen. Al die informatie die ik oppik als een spons, die zit in mijn hoofd, die spookt daar de hele tijd rond en af en toe komt dat op en dan relateer ik het meteen aan de vraag: hoe voel ik me vandaag? Wat kan ik met die kennis en wat kan ik met dat gevoel en wat kunnen we nu het beste doen, als mens en als renner? Hendrik hamerde er altijd op: blijf autonoom. En juist daarom werd de samenwerking tussen ons goed. Later, bij Jumbo-Visma ging dat naar mijn idee mis, omdat ik het gevoel had daar niet autonoom te kunnen zijn, dat zij sturend waren. Er leek minder sprake van wisselwerking te zijn. Ik vroeg op weg naar een belangrijke wedstrijd mijn begeleiders altijd het hemd van het lijf, wilde van alles weten. Wat denken jullie? Wat zeggen de onderzoeken? Al die data gooide ik in mijn hoofd en zij hadden ook ideeën, bijvoorbeeld over welke warming-up het beste was. Maar ik kon dan de volgende dag opstaan en denken: ik voel toch dat ik het anders moet gaan doen straks. Ik combineerde mijn kennis met mijn gevoel en had volgens mij daardoor vaak het beste van twee werelden. Ik liet me niet leiden door een van de twee. Vandaar dat ik ook na een van de laatste etappes in deze Giro, volgens mij de 17e etappe, mot kreeg met de diëtist. Kreeg ik een bak couscous voorgeschoteld, dat stond op mijn persoonlijk *template*, maar ik kreeg dat niet meer weg. "Ik moet chips hebben," riep ik, "suikers! Ik wil vieze meuk, een zak Haribo!" Laurens is toen nog naar ploegleider Aike Visbeek gelopen, achter in de bus. Hij zei: "Aike, we hebben net vijf uur volle bak gekoerst." Ik weet nog dat we naast een pizzeria stonden en dat hij zei: "Tom wil niet eten, maar hij moet wel wat gaan eten, er moeten gewoon calorieën in, want anders wordt het morgen sowieso niks." Ik kreeg wel mijn zin, haalden ze chips en Haribo bij een tankstation, vrat ik zo'n zak leeg, later op de massagetafel nog een zak chips en hebben we 's avonds pannenkoeken gegeten. Maar die diëtist vraagt zich natuurlijk wel af: wat doe ik hier nog? Fuck you Tom, ik dacht dat we samenwerkten. Alles uitgezocht en uitgeplozen en nu kom jij aan met je "ik wil chips". Zoek het uit. En ik kon dat begrijpen, hè? Het was aan mij om vervolgens duidelijk te maken dat ik ze júist wel hard

Trainingsrit in Beek (Zuid-Limburg), februari 2006

Eerste beklimming van de Col D'Izoard, 2007

Op de clubkampioenschappen van Bergbeklimmers, 2008

Team Bergbeklimmers in 2008, met Sandro Harings (derde van links), Tom (derde van rechts) en Harry Riem (tweede van links)

Met Harry Riem voorafgaand aan de tijdrit van
De Acht van Bladel, 29 juni 2008

Groepsfoto van Team Belisol, 25 april 2009
(Tom zevende van links bovenin)

Limburgs kampioen, 1 juni 2009

Etappewinst tijdens de Nations Cup-wedstrijd in Portugal, 26 maart 2010

Tom finisht als zevenendertigste in De Ronde van Limburg, 6 juni 2010

Het WK-tijdrijden voor beloften in Kopenhagen, 19 september 2011

Ploegenpresentatie van 1T4I, de voorloper van Argos-Shimano,
met Roy Curvers, mede-Limburger en Toms ‘leermeester’
in die jonge jaren, 11 januari 2011

Tweede op het NK wielrennen in Kerkrade, 30 juni 2013

Eerste Tour de France, tijdrit op de Mont-Saint-Michel,
10 juli 2013 © Cor Vos

Marcel Kittel bedankt Tom na een van zijn overwinningen,
Tour de France, 6 juli 2014

Een kapotte schouder na de zware valpartij tijdens de
Tour de France, 6 juli 2015 © Cor Vos

Rode leiderstrui heroverd na de zeventiende (tijd)rit van de Vuelta,
9 september 2015 © Cor Vos

Ontmoeting met Koning Willem-Alexander na winst in de openingsrit van de Giro, Apeldoorn 6 mei 2016 © Cor Vos

Winst in de Koninginnerit naar Andorra Arcalís tijdens de Tour de France, 10 juli 2016 © Cor Vos

Rustdag met Laurens ten Dam in Andorra tijdens de Tour de France, 11 juli 2016

Tom stapt uit de Tour na een valpartij onderweg naar Saint-Gervais Mont-Blanc, 22 juli 2016 © Cor Vos

Het olympische team van 2018, met v.l.n.r. Tom,
Bauke Mollema, Wout Poels en Steven Kruijswijk © Cor Vos

Onderweg tijdens de Giro, Oropa 17 mei 2017 © Cor Vos

In de bergen op de Stelvio vanuit Bormio, Giro, 23 mei 2017 © Cor Vos

Team Sunweb na winst in de Giro 2017, met v.l.n.r. Laurens ten Dam, Tom , Simon Geschke, Georg Preidler, Sindre Skjøstad Lunke, Chad Haga en Tom Stamsnijder. © Cor Vos

Tom op het podium tijdens de huldiging, Giro,
28 mei 2017 © Cor Vos

Op hoogtetraining in Italië,
augustus 2017

Wereldkampioen tijdrijden
in Bergen (Noorwegen),
27 september 2017 © Cor Vos

Huldiging op De Markt in Maastricht ter ere van Toms overwinning in de Giro, mei 2017 © Cor Vos

Tom wordt tweede in de Giro van 2018, na Chris Froome, Rome, 27 mei 2018 © Cor Vos

Tweede in de Tour de France, v.l.n.r. Tom, Geraint Thomas en Chris Froome 29 juli 2018 © Cor Vos

Na een valpartij met bloedende knie over de eindstreep na de vierde etappe in de Giro, 14 mei 2019

In het shirt van Team Jumbo-Visma tijdens een trainingsrit
in de Eifel, 31 mei 2020

Olympisch zilver op de tijdrit,
v.l.n.r. Tom, Primož Roglič en
Rohan Dennis, Tokio, 27 juli 2021
© Cor Vos

Voor zijn allerlaatste koers,
de San Sebastián Klasikoa,
4 augustus 2022 © Cor Vos

nodig had, dat het voor mij júist de ultieme samenwerking was als ze mij ook de vrijheid gaven ervan af te wijken. Ik heb die tools juist nodig en negen van de tien keer eet ik ook die couscous, maar de tiende keer voelde het niet goed en wilde ik vieze meuk.'

'Je praat over autonomie, alsof het voor jou misschien wel het belangrijkste is?'

'Bijna wel, ja.'

'Waarom die aarzeling?'

'Omdat het niet het belangrijkste in je leven is, maar wel in mijn dagelijkse functioneren. Veelgemaakte fout is dat mensen denken dat je moeilijk bent om mee samen te werken en dat je dan dingen alléén wil doen, maar ik functioneer juist heel slecht als ik het in mijn eentje moet doen, ben juist een gezelligheidsdier, heb echt mensen om me heen nodig, hun kennis. Mijn behoefte aan autonomie leken ze bij Sunweb op het laatst lastig te vinden, ook bij Jumbo-Visma. Ik had het gevoel dat ze het moeilijk vonden met die behoefte om te gaan. Het gaat voor mij om een bepaalde mate van vrijheid, van denken, van de manier waarop je invulling geeft aan je trainingen, maar ook in het leven in algemene zin. Ik functioneer heel goed in een groep, maar daarbinnen heb ik wel een bepaalde mate van autonomie nodig. Ik krijg de kriebels als ze een kuddedier van me willen maken. En dat is nu juist wat er de laatste jaren in de topsport meer en meer gebeurt. Vroeger was wielrennen fantastisch voor mij: een individu in een teamsport, of een teamsport met individuen. Dat betekende dus dat ik autonoom kon zijn. Perfect. Ik had mijn eigen projectjes en er was een groepsdynamiek, waarin ik autonoom kon functioneren. Sunweb begon, toen de successen kwamen, die groepscultuur te homogeniseren. Allemaal dezelfde shirtjes als vrijetijdskleding, dezelfde casual schoenen, in interviews beantwoordden we allemaal op dezelfde manier de vragen en iedereen traint even lang. In het begin bij Argos-Shimano werden we vrijer gelaten omdat er gewoon geen geld was om heel kort op ons te zitten, met trainingskampen en zo. En bij Hendrik zit dat autonome ook in zijn DNA. Later veranderde dat bij Sunweb. We hadden daar op een bepaald moment zelfs een zonnebrillenprotocol. Iedereen tijdens de podiumceremonie bij de presentatie op dezelfde manier zijn zonnebril aan je shirt hangen. Vooral niet op de pet, want daar staat de naam van de sponsor. Ik snap de argumentatie wel, van elk afzonderlijk dingetje, maar als je allemaal van die dingetjes hebt die je worden opgelegd dan voelt het voor mij al snel benauwend.'

'Terwijl je het best begreep en uit eigen beweging zulke dingen zou doen?'

'Inderdaad.'

'Maar omdat ze je het gaan vragen word je opstandig?'

'Ja.'

'Dan doe je het dus juist niet? Had je daarom niet twintig jaar eerder prof willen zijn? Toen zaten de ploegen een stuk minder dicht op de huid van de renners dan nu.'

'Nee, juist niet, want ik wilde geen doping gebruiken. Nee, ik denk dat ik precies op het juiste moment prof ben geweest, na de periode Armstrong, Pantani en de epo en bloeddoping. En gestopt ben op het moment dat het een homogene bedoening leek te worden. Ik prijs mezelf een gelukkig man wat dat betreft. Ik was prof in het enige *window* dat het voor mijn persoonlijkheid mogelijk was.'

3

Luka

We draaien de haarspeld door en wat we onderweg al vreesden wordt bewaarheid. Vanaf deze kant mogen we de Stelvio niet over. Een tegenvaller waar we op het terras in Bormio nog geen rekening mee hadden gehouden. Het is lekker weer, maar op de top ligt blijkbaar nog te veel sneeuw. De Stelvio-pass op 2756 meter boven zeeniveau is dicht. We moeten een andere manier vinden om bij ons doel te komen: de aanloop naar de Umbrail-pass.

We parkeren de auto even in de berm en overleggen wat te doen. Tom pakt zijn telefoon. Al snel wordt duidelijk dat er maar één andere optie is. Als we naar de plek willen waar het in de zestiende etappe bijna misging voor Tom dan moeten we de weg naar Livigno nemen en hopen dat we via Zwitserland op de '28' terecht kunnen komen die ons zal leiden naar Santa Maria Val Müstair, het dorpje aan de voet van de Umbrail-pass die op bijna 2500 meter ligt.

Vanuit Santa Maria was het op 23 mei 2017 nog ruim 32 kilometer tot de finish in Bormio. De laatste beklimming van de dag was ruim dertien kilometer, met een gemiddeld stijgingspercentage van 8,4 procent. Daar, op de '28', kon Tom het niet langer houden. Hij moest, terwijl de koers in volle gang was en de camera's op hem in zijn roze trui waren gericht, gehurkt in het gras gaan zitten om zijn behoefte te doen terwijl de concurrentie doorreed en de kansen weer zag toenemen op het heroveren van de roze leiderstrui, en op de eindzege. Hij is er nog wel eens langsgefietst tijdens een trainingskamp in de jaren erna, met Laurens ten Dam en Annemiek van Vleuten, maar nooit had hij de moeite genomen nog eens letterlijk stil te gaan staan op de plaats waar hij bijna de eindzege verspeelde. Omdat zijn darmen rommelden.

We keren de auto om en rijden naar Livigno, het skidorp waar veel atleten hun kamp opslaan als ze op hoogte willen zijn. Voor Tom is het bekend terrein. Talloze malen was hij hier, reed trainingskilometers op deze wegen, alleen of met bevriende collega's. We zetten na een halfuurtje de auto aan de kant als we bij het hotel arriveren waar Tom regelmatig overnachtte. Er is in de omgeving geen moer te doen, maar de hoogte doet er zijn werk, ook in het dorpje Trepalle, gelegen op 2200 meter. We stappen uit op de parkeerplaats, lopen een rondje. Grauwe steenslag, een uitgeslagen stuk asfalt, een grote parkeerplaats voor campers die nu vrijwel leeg is, skihotels en een bushok.

Tom wijst naar hotel Alpino, zijn favoriet. Het eten was er fantastisch, het personeel hartstikke leuk en de kamers goed. Het was er gewoon goed geregeld, omdat ze gewend waren dat er veel wielrenners langere tijd verbleven. We kijken in de richting van Livigno. Er komt een wielrenner op zijn dooie gemak naar boven gefietst, blauw tenue. Eentje van Jayco. Het is Luka Mezgec, Toms oude teamgenoot bij Argos-Shimano. De Sloveense lead-out-specialist die nu voor Dylan Groenewegen de sprints aantrekt, deed dat als jonge renner in 2014 en 2015 voor Kittel en Degenkolb. Mezgec is nu een veteraan. Er komt een auto van een hotelparkeerplaats aangereden, de bestuurder begint luid te toeteren. 'Ah! Hey Ganna, Felipo Ganna,' zegt Mezgec. 'Gisteren aangekomen hier. Die ander is Sobrero – ja, Matteo, mijn teamgenoot, die zit hier al tien dagen.' Er steekt een hand uit het raam, die zwaait, daarna spuit de dikke SUV weg. Tom en Luka bespreken hotels, de huidige stand van zaken en vragen zich af of Tadej Pogačar hier nu wel of niet zat. 'En jullie,' vraagt Luka. 'Nu lunchen hier? Of terug naar Bormio?'

'We nemen zo de tunnel naar Zwitserland en dan gaan we de pass nemen. Is die open, weet je dat?'

'Geen idee, moet je even de kaart checken, denk ik. Ik train hier niet om beter te klimmen, hè? Zag wel dat de Stelvio dicht was, toen ik er langsreed. Hoe gaat het verder met je?'

'Goed, goed! En jij?'

'Ook goed. Geen druk van de ploeg. Misschien nog een jaartje of drie, tot mijn 38e.'

'Meen je niet!'

'Jawel, dat is mijn plan. Ik kan best nog lang mee hoor. Dat is het geheim hè, altijd fris aan de start verschijnen. Niet te veel trainen, uurtje of zestien per week, meer dan zat.'

'Dat meen je niet! Luká?'

'Ja, echt man, dat hele peloton traint veel te veel.'

'Gold voor mij ook eerlijk gezegd. Bijna continu in staat van overtraindheid.'

'Zie je? En als jij je klote voelde dacht je zeker: fuck, ik moet meer trainen?'

'Inderdaad.'

'Terwijl je dan precies het tegenovergestelde moet doen. Als je je klote voelt moet je uitrusten.'

‘Wat reed je vandaag gemiddeld?’

Luka kijkt op zijn stuur naar zijn boordcomputer. ‘Hier kijk, 141 watt.’

‘Had ik maar die rust gehad...’

‘Fuck, als je jong bent moet je wel wat meer uren maken, maar zo’n ouwe gast als ik? Ik ben 35 en het zit allemaal al in mijn benen, hè. Na een week koersen heb je die endurance weer. Niet te veel druk op je nemen, geniet van het leven. Weet je wat het is? Als je fris bent is het beter. Ik ga soms zelf met een beetje te weinig training de koers in, rijdt die eerste dagen hard, kan ik er weer tegen en ben ik fris. De meeste van die gasten zitten boven die streep – en zijn overtraind. Maar ik zit hier. Onder die streep. En zie je – de afstand naar het perfecte plaatje is even ver. Alleen ik kom fris aan op dat punt, die anderen niet. Ik ben fris, heb een leuk sociaal leven, ben fucking happy en ik barst van energie omdat mijn hormonale spiegel niet helemaal naar de klote is getraind.’

‘En dan een *crazy motherfucker* zijn in de sprint.’

‘Exact! Dat ben ik, adrenaline. Maar guys, ik moet naar binnen, ik krijg het koud.’

Als Luka op zijn gemakje wegfietst lopen we nog over het plateau, een doodlopende weg in, maar dat maakt niet uit. Geeft even de tijd te overdenken wat deze renner uit Slovenië net allemaal vertelde. ‘Een fantastische gast, vind je niet?’ zegt Tom. ‘Wat zei hij? 141 watt gemiddeld over drie uur fietsen? Serieus. Als jij drie uur gaat fietsen haal je een hoger wattage. Als ik een ritje ging losfietsen, haalde ik 180. Hij wordt bestempeld als lui en dat is-ie misschien ook wel een beetje, maar het brengt hem ook veel. De laatste der Mohikanen. Dit soort uitzonderingen worden ook niet meer geaccepteerd in het moderne wielrennen. Bij de meeste ploegen gaan ze er echt niet mee akkoord als ze een renner hebben die zegt: "Zestien uur trainen per week is meer dan genoeg, aan 141 watt gemiddeld." Vaak is de denkfout die trainers maken dat ze gaan zeggen: "Als die gozer nou iets meer gaat trainen, meer omvang gaat draaien en explosiever wordt, moet je dan eens zien wat er mogelijk is."'

Als we het dal in kijken zegt Tom dat hij blij is Luka tegen het lijf te zijn gelopen. 'Word ik zo blij van, zo'n gast, die haalt mij in dat gesprekje daar onbewust bijna weer over om te gaan fietsen. Ik denk dan: inderdaad, zo kan het verdomme ook! Gewoon een beetje fietsen, beetje flauwekul uithalen en leuk met je talent aan de slag. Dan heb ik genoeg voor de tijdrit. Mezelf een paar keer per jaar tegen de klok uit elkaar trekken, een paar mooie etappes uitzoeken voor de zege in een grote ronde en dan verder een beetje flierefluiten.'

'Volgens mij ben je daar veel te ambitieus voor.'

'Dat klopt.'

4

De stop

We dalen af naar Livigno, een daldorp op 1800 meter hoogte dat lang verscholen lag voor de buitenwereld, maar nadat de westerse mens in de jaren na de Tweede Wereldoorlog tijd voor vertier kreeg, en begon te skiën en langlaufen, werd Livigno ontsloten. De weg slingert naar beneden. Na een tijdje kunnen we het lint aan hotels, appartementencomplexen, skishops, pizzeria's, outdoorwinkels, restaurants en benzinestations zien waaruit Livigno is opgebouwd. Eromheen groene alpenweiden en rotswanden met erboven hoge pieken.

Tom vond het prettig dat het wat levendiger Livigno in het dal beneden lag. Trepalle, dat maar een paar kilometer verderop op 2200 meter lag, was fijn maar je kon je daar wel snel afgezonderd en alleen voelen. Daar gruwde hij ook altijd van in Sierra Nevada. Hij wilde daar eigenlijk nooit zijn. 'Ik zat daar altijd alleen maar omdat er in het voorjaar nog maar één hoogteoptie is naast Tenerife waar maar één hotel op die hoogte staat en de Alpen dan nog koud en besneeuwd zijn: Sierra. Ik moest daar dus heen wilde ik een goede Tour rijden.'

In Livigno zou hij nog best op vakantie kunnen gaan. Daarom ging hij ook graag naar beneden, om er tijdens zijn hoogtestage te eten of op een terras te zitten, tussen de gezinnen en de vriendenclubs. Het bruiste. Voor hem voelde het alsof hij nog deel uitmaakte van het gewone leven. 'Ik kan ook echt genieten van zo'n skihut, met bijbehorende muziek. Er kwamen normale mensen, normale dingen doen. Na een ochtend wandelen dronken ze op het terras een biertje. Ik zat daar dan ook, bestelde geen biertje, maar het voelde op die momenten wel alsof ik deel uitmaakte van de normale maatschappij. Het zorgde voor een beetje verlichting. Op Tenerife of Sierra was het veel zwaarder. Op Sierra kan het zo doods zijn. Kijk hier, dit is het Alpen Village Hotel, ging ik ook vaak even heen, ze hadden er een spa en als ik een middag rustte was dat heerlijk. Maar we moeten niet vergeten te tanken. Spotgoedkoop hier. Zie je? Weet je hoe dat kan? Heeft volgens mij te maken met vroeger. Te paard was dit gebied in de winter heel moeilijk te bereiken en ze weigerden hier gewoon belasting te betalen. Heb dat ooit eens opgezocht. Uiteindelijk heeft de Italiaanse regering in de vorige eeuw volgens mij gezegd: als jullie hier in dit onherbergzame gebied blijven wonen, dan hoeven jullie geen belasting te betalen – anders zouden de mensen er weggaan. De Italianen wilden dat dit gebied van hun bleef en niet in handen zou vallen van een ander. Ik nam vroeger altijd de laatste benzinepomp voordat je bij de controlepost komt en daarna de tunnel richting Zwitserland.'

Het blauwe verkeersbord staat in een berm vol met paardenbloemen. Over 500 meter rechtdoor naar Zernez en Ofenpass, linksaf leidt de weg naar Umbrail en Stelvio, staat erop te lezen. We lopen over het voetpad aan de andere kant van het bord en gaan op een bankje zitten. Heel af en toe passeert er een auto. Verderop een wit gebouw dat van een afstandje bezien een hotel lijkt te zijn. Vanaf die kant kwam de groep met de roze trui aan gereden. De snelheid lag hoog. Op deze plek moest hij gedwongen van zijn fiets af om in het volle zicht van de draaiende televisiecamera's een sanitaire noodstop te maken.

'Vind je het grappig hier te zijn?' vraag ik.

'Ja.'

'Met een grote beurt tijdens de koers.' Ik maak een foto van Tom die naar het bord kijkt.

Hij is blij dat we hier naartoe zijn gegaan. Eerst hoefde het niet zo van hem, maar nadat Laurens ten Dam deze dag benoemd had tot 'sleutelmoment van de Giro' was hij nieuwsgierig geworden. 'Toen Laurens dat zo zei, dacht ik: als dit voor hem het sleutelmoment was, dan zal het door heel veel anderen ook gezien worden als het sleutelmoment. Iedereen begon er toen in te geloven.'

'Had jij dat zelf ook?'

'Nee.'

'Wat dacht jij dan?'

'Godverdomme, veel te veel tijd verloren. Ik was boos op mezelf en alles en iedereen. Toen ik aan de streep kwam besefte ik dat ik mijn kont natuurlijk helemaal niet goed had afgeveegd, dus ik rende na de finish ook nog zo snel als ik kon naar een Dixie.' Hij kijkt op zijn telefoon en checkt de uitslag. 'Dertiende, op 2.18 van Nibali. Toch zonde. Quintana en Nibali deden opeens weer mee.'

Toen ze na de afdaling onder aan de Stelvio kwamen viel het even helemaal stil. Hij hoopte dat de aandrang zou wegtrekken, maar al vrij snel merkte hij dat dat ijdele hoop was. Hij besloot: hoe langer hij het kon uitstellen, hoe beter, want op een beklimming hebben renners die bij elkaar fietsen veel minder windvoordeel ten opzichte van een eenling, dan wanneer ze op een open stuk weg, zoals hier nu voor ons ligt, bij elkaar zitten en de eenling moet opboksen tegen een op hol geslagen pelotonnetje, waar concurrenten de kans grijpen in te lopen op de roze-truidrager.

Wetende wat er daarna gebeurde beseft Tom dat hij beter toen direct zijn behoefte had kunnen doen omdat hij vermoedt dat ze dan uit respect en coulantie wel even hun snelheid hadden ingehouden zodat hij na de stop kon terugkeren. Maar hij bleef doortrappen, zich verschuilend in het wiel van anderen, prevelend dat het nare gevoel zou verdwijnen. Vijf minuten later begon GreenEdge het tempo op te voeren en wist Tom dat het gevoel niet zou wegtrekken. Hij moest de boel proberen in te houden tot aan de voet van de volgende beklimming, die van de Umbrail.

'Onze ploegleider had onder aan de Stelvio ook best even tegen Matt White kunnen zeggen: hou effe in, Tom moet effe wat doen. Maar ik dacht toen nog: misschien trekt het wel weg. Ik dacht ook: misschien wachten ze heel aardig op me, maar ze kunnen ook denken: fuck you. Ik probeerde het zo lang mogelijk op te houden omdat ik wist: als ik het hou tot aan de voet van de klim, dan kan ik daarna gewoon een tijdrit naar de finish rijden. Ik wist dat ik tijd zou verliezen, maar de schade was dan binnen de perken te houden. Ik had geen keus. Ik wist dat op een beklimming veel publiek zou staan en in een open veld had ik ook geen zin.'

'Dus toen je dit bord zag?'

'Dan maar hier, zit ik nog een beetje beschut. Ik had ook geen seconde langer moeten wachten, dan had ik op de fiets alles vol gescheten. Echt, de tien kilometer tot dit bord waren de ergste van die hele Giro. Ik kon geen 350 watt meer trappen. Zou ik meer kracht zetten dan dacht ik dat ik het niet meer zou kunnen ophouden. Alle kracht vloeide uit mijn benen.'

Tom wist wat Ten Dam dacht: een kakkende kopman gehurkt in de berm terwijl de concurrenten van je wegrijden is niet ideaal, zeker niet als die kopman een halfuur daarvoor op de vlakke weg de groep al nauwelijks kon bijhouden. 'Als het twee procent opliep moest ik bij wijze van al lossen dus het kan niet anders dan dat de ploeg dacht: de Giro is om zeep.'

Met Ten Dam voor hem begon Tom aan de beklimming van de Umbrail, die een uur zou duren. Ten Dam paste het tempo op die inschatting aan. Maar hij moest harder, riep Tom, tot verbazing van Ten Dam. 'Hoezo harder? Je kon net nog geen 350 watt trappen.' Nog een paar keer schreeuwde Tom dat-ie harder moest. Na twee bochten schoot hij voorbij Ten Dam en zette alleen de achtervolging in. 'Ik wilde gewoon knallen,' zegt Tom. 'Ik was er klaar voor, het was eruit en ik kreeg weer energie.'

Hij herinnert zich nog dat Gorka Izagirre, een teamgenoot van Quintana, die gelost was, hinderlijk in zijn wiel bleef zitten. 'Die dacht natuurlijk: ik ga die Tom even lopen kutten. Nou dat lukte, want ik raakte behoorlijk geïrriteerd, heb hem echt zijn huid vol lopen schelden, maar ja, die deed ook alleen maar wat hem werd opgedragen. Zat-ie daar met zijn smerige glimlach, hahaha.'

In de afdaling die hij alleen reed, liep hij zelfs in. 'Zei ik toch in Andorra? Als ik alleen afdaal gaat het beter dan als ik achter iemand zit.'

Ten Dam vond het 'fenomenaal' hoe Tom zich die dag bij elkaar had geraapt en noemde de wederopstanding 'koninklijk'. Hij kon het maar niet geloven dat hij hem in het roze op het podium zag staan toen hij zelf over de streep kwam.

We verlaten het verkeersbord en het veld vol paardenbloemen, vullen de olie van de Škoda bij en zetten koers richting Monza, waar we vanavond nog willen aankomen. We passeren bergpassen en besneeuwde toppen, de auto maakt af en toe een gek geluid als we langzaam rijden. Dan maar meer gas erop. Tom snijdt de bochten aan de binnenkant af, denkt soms dat hij in een BMW zit. Ik wijs hem erop dat mijn kilometerteller richting de 280.000 gaat. 'Fijne auto dit, hoor. Wil er ook best zo een.'

Drie dagen na de comeback kende Tom in de 19e etappe een slechte dag. Hij was moe, chagrijnig, had slecht geslapen en onderschatte de bergrit. Achter in het peloton was hij aan het ouwehoeren met Kruijswijk en Mollema, om te kijken of ze in de slotdagen op de twee landgenoten konden rekenen mocht Sunweb steun nodig hebben als de Spanjaarden, Colombianen en Italianen het op een akkoordje gooiden en Nibali en Quintana gezamenlijk zouden optrekken. Hij had dat Nibali en Quintana ook zien doen en na een plaspauze besloot hij dat het tijd was om te proberen de Nederlanders in zijn voordeel te mobiliseren. 'Ik dacht: kut, dat moet ik ook doen, want anders wordt het vandaag misschien alsnog een lastig verhaal.'

Hij was alleen even vergeten te communiceren met de ploeg waarmee hij achter in het peloton bezig was. Zijn ploeggenoot Tom Stamsnijder wist dus van niks toen die aan de kop van het peloton hard aan het sleuren was geslagen. Het peloton brak in twee stukken door de kracht van de man uit Twente. Toen de ploeg van Nibali achteromkeek, misten ze in de eerste groep het roze van Dumoulin. Ze zetten meteen het gas erop. Rochas van Movistar zat de hele tijd al als een spion in het tweede groepje. Die schreeuwde meteen in zijn microfoontje dat Tom achter de breuk zat. 'Die twee pelotonnetjes waren elkaar de nek aan het omdraaien. En ik had zulke slechte benen, joh. Ik herinner me nog dat ik achter Stef Clement aan reed en ik zat echt te janken in zijn wiel. Later heb ik met Bauke Mollema en Steven Kruijswijk echt alles moeten geven, tot jankens toe. Maar toen we de aansluiting weer hadden gevonden, zette ik gelijk mijn pokerface weer op. Hallo, hier ben ik weer. Hoe is het met jullie? Die achtervolging duurde misschien wel een uur. Ik heb echt wel een paar keer gedacht: kut, dit was het, het waren drie leuke weken. Er is nooit iets over geschreven, maar misschien was dit wel de belangrijkste rit in die hele laatste week. Ik kwam op mijn allerlaatste krachten terug en zij hielden direct hun benen stil. Godzijdank, want als ze met 400 watt waren blijven doorknallen, had ik niks meer gekund. Ik zat op mijn knieën.'

We hebben het hooggebergte inmiddels achter ons gelaten en rijden nu in zuidelijke richting langs het Comomeer. Ons gesprek is gekomen op Lance Armstrong, een renner zoals het wielrennen nooit had gekend en een man op wie het gesprek na verloop van tijd altijd uitkomt als je met liefhebbers en kenners de koers bespreekt. Hij liet zich in met criminele activiteiten, intimideerde tegenstanders en bedreigde oud-ploeggenoten die uit de school dreigden te klappen. De meningen over hem en over de straf die hij kreeg (in 2013 voor het leven geschorst na een verbijsterende bewijslast) nadat hij volledig gedrogeerd tussen 1999 en 2005 zeven keer de Tour de France had gewonnen zijn soms grof en soms genuanceerd. Het is vaak een discussie tussen grijs en zwart-wit.

'Oké, wat ik nu ga zeggen is natuurlijk gevaarlijk, beladen, maar er zijn wel wat nuances in dit verhaal aan te brengen. Hij is zeker weten een alfamannetje en hij had zeker in die tijd een voortrekkersrol in de firma list & bedrog, maar om hem die zeven titels af te pakken en te doen alsof nummer twee wel schoon was, vind ik raar. Ze hadden wat mij betreft de uitslagen van al die Tours ongeldig moeten verklaren. Daar klopt natuurlijk geen fuck van. Je moet niet alleen Lance schrappen en de rest uit die top 20 gewoon laten staan. Als je hem straft moet je iedereen straffen.'

'En dan een renner als Richard Virenque op het schild hijsen?'

'Ja, dat soort dingen, dat vind ik echt zo schandalig.'

Lance Armstrong is voor hem een man met vele kanten. Of je als mens zo in het leven moet staan, dat betwijfelt hij, maar hij is wel gefascineerd geweest door de gedisciplineerde manier waarop de Amerikaan topsport bedreef. 'Door dat dopingverhaal wordt overschaduwd wat hij voor de sport deed. We doen nu wel net alsof alleen Armstrong de hele apotheek heeft leeggekocht en daardoor die Tour zo vaak kon winnen. Nee, al die twintig deden dat bij wijze van spreken en toch won hij zeven keer de Tour. Hij trok de rest mee in die enorme drift van hem en of dat zo gezond was, vraag ik me af. Maar los van die doping vind ik het altijd wel bijzonder om te zien. Respect is een te groot woord, maar een fascinatie voor hem heb ik altijd wel gehad. Het was fascinerend te zien hoe hij deed wat hij deed.'

Zelf stak Tom zijn kop in het zand als het om doping ging. Gewoon negeren, doen alsof het er niet is. Dat deed hij tijdens de eerste wedstrijdjes rondom Luik al, en dat bleef hij doen, omdat hij weigerde de liefde voor de sport kapot te laten maken door gasten die ongeoorloofde prestatieverhogende middelen gebruikten. Toen hij begon te dromen van een profcontract bleef het een ver-van-mijn-bedshow. 'Ik las er dezelfde nieuwsberichten over als iedereen en hoopte maar dat het niet dichterbij zou komen. Dat er manieren zouden zijn om toch een leuke carrière te hebben, zonder doping. Ik zei tegen mezelf: ik moet nog maar zien of het echt zo'n rotte wereld is en als het inderdaad zo erg was, dan zou ik ermee ophouden. Ik wilde geen middelmatige prof worden, alleen maar omdat ik slechts een contract bij een kleine Italiaanse profploeg aangeboden zou krijgen. Wielrennen was toen geen hoofddoel voor mij, dat was studeren. Dus ik zou echt wel op mijn pootjes terechtkomen. En mocht dat bijdoeltje lukken, leuk. Maar er was een nooduitgang. Gelukkig was bij Argos-Shimano alles anders. Iwan Spekenbrink, de teambaas en later ook die van Sunweb, die moet ik echt gemeend bedanken voor zijn opstelling in die dagen. Hij wilde écht helemaal niks van doping weten, hij wilde het wielrennen écht veranderen. Dat was echt, in tegenstelling tot sommige andere teambazen die alleen maar praatten over veranderingen maar niks deden. Renners gewoon kleine contracten gaven en zeiden: ga je gang en als je niet presteert is het voorbij. Iwan was anders, die werkte met langdurige contracten, wilde eigen renners opleiden, met een goede filosofie en trainingen, voornamelijk zelf opgeleide coaches aanstellen, geen vreemde dokters rondom de ploeg, dokters van buiten het wielrennen. Echt bijzonder wat hij heeft neergezet en ik ben hem dankbaar dat ik in zo'n ploeg terechtkwam. En waren er smoezelige zaakjes die hij niet vertrouwde, dan nam hij afscheid van een renner, kocht zijn contract af en dat was het dan. Bijkomend voordeel: dat was een sterk verhaal richting sponsors. Wij zijn het schone team.'

In dat verhaal kwam in maart 2019 een aardige deuk toen FdJ-renner Georg Preidler in Operatie Aderlass ontmaskerd werd als dopinggebruiker. Preidler reed mee in de Giro van 2017 bij Sunweb en was daar volgens sommige collega-renners op een of andere manier niet zichzelf. Chagrijnig soms, reed vaak te hard op kop als hem dat werd gevraagd, geen land mee te bezeilen. 'We dachten soms wel eens: gast, je weet toch hoe je moet wielrennen?' Er was ook nog het moment dat hij plotseling naar huis wilde, in de slotweek, omdat zijn vriendin een auto-ongeluk zou hebben gehad en flink geschrokken was. De ploeg begreep er geen moer van. Ze waren de Giro aan het winnen en jij wil naar huis? Ze kregen ruzie en zagen dat hun teamgenoot zich onrustig gedroeg en geprikkeld was. 'Hij was totaal onhandelbaar soms, echt een klein kind in de koers. Hij heeft bij hoog en bij laag beweerd dat hij bij ons nooit doping gebruikte.'

Via Preidler komen we bijna automatisch op het verhaal van Rudi Kemna, een van de ploegleiders van toen nog Skil-Shimano, die in de winter van 2012-2013 moest bekennen dat hij doping had gebruikt tijdens zijn loopbaan. 'Voor mij was hij vanaf dat moment zijn geloofwaardigheid wel kwijt. En die schorsing van een halfjaar, dat was echt voor de bühne. Het staat natuurlijk wel heel slecht als je renners bij het minste of geringste wegstuurt, maar de technisch directeur, die eigenlijk ook je boezemvriend is, laat blijven.'

‘Heb je Armstrong eigenlijk wel eens ontmoet?’

‘Nee, nooit. Maar vlak voor de tijdrit in Monza kreeg ik van hem wel een DM op Twitter.’

‘Wat schreef hij?’

‘Ik zal het opzoeken straks, als we in het hotel zijn. Staat vast nog wel ergens in mijn telefoon.’

5

Imposter

We naderen Monza. De schemering zet in. Morgen gaan we het racecircuit bezoeken waar de tijdrit met aankomst in Milaan startte. 'Ik heb ook wel een donker randje, hoor,' zegt Tom van achter het stuur. 'Ik kan een klootzakje zijn.' Ondanks dat hij zichzelf een net opgevoede jongen vindt en vermoedt dat ook de buitenwereld dat beeld van hem heeft, blijft het wielrennen een snoeiharde topsport. Het is een kracht als je goed weet om te gaan met de firma list & bedrog, die weet te benutten en in te zetten voor eigen gewin. 'Ik zit niet voor niks bij de eerste twintig van het peloton als we een grote lange klim op draaien. Daar kom je niet terecht als je alleen maar vriendelijk bent tegen de andere renners van het peloton. Je moet af en toe een duw geven. Ik heb toch een manier gevonden om me daar staande te houden, zonder dat ik mensen opzettelijk een ravijn in duwde. Ik ben dan misschien wel een aardige gozer, maar ik kan wel van me afbijten. Ik liet niet over me heen lopen. Iemand als Sam Oomen verbaasde zich daar wel eens over. Die kende die kant van mij niet.'

We kijken voor ons uit, naar de remlichten van de auto's voor ons, minderen vaart en nemen de afslag naar het centrum van Monza. Als we de stadsgrens passeren houdt het op met zachtjes regenen. Overal diepe plassen. De ruitenwissers zwiepen nu op de snelste stand.

'Heb je je altijd thuis gevoeld in het wielrennen?'

'Nee, absoluut niet zelfs.'

Wielrenner worden was voor hem nooit een bewuste keus geweest. Het profmilieu voelde altijd een beetje als een beperkte wereld en hij vroeg zich geregeld af wat zijn bijdrage aan de wereld nou precies was. 'Ondanks dat mensen mij fantastisch vonden, maakte ik het wielrennen altijd heel klein voor mezelf.' Hij was een jongen op de fiets die wedstrijdjes reed en die andere renners figuurlijk de nek om wilde draaien. Als hij in dat peloton reed, zag hij zichzelf bezig en zag hij dat alle anderen om hem heen ook alleen met zichzelf bezig waren, dat die geen ene fuck om elkaar gaven. Dat botste.

'Ik ben opgevoed met een breed perspectief. We keken thuis naar het nieuws, we discussieerden over politiek, hoe de wereld in elkaar stak, dat je goed moet zijn voor je medemens. En dan kom ik uiteindelijk terecht in een hele egoistische omgeving, het benauwde bubbeltje topsport. Waar iedereen zijn eigen wereldje heel belangrijk maakt, waar mensen met oogkleppen op lopen en niet geïnteresseerd zijn in de medemens, maar alleen in hun eigen carrière, alleen maar bezig zijn met winnen en alleen maar denken aan winnen. En de Tour, ja, de Tour winnen, dat is dan allemaal helemaal fantastisch. Waar zijn we überhaupt mee bezig, jongens, dacht ik soms? Dit is toch niet de wereld waarin ik thuishoor?'

'Zat dat je wel eens in de weg?'

'O absoluut, om te slagen als topsporter moet je die tunnelvisie hebben en die had ik ook wel. Ik deed er juist alles voor, sloeg geen training over, maar het gaf mij wel het gevoel een *imposter* te zijn. Dat ik de wereld om me heen voor de gek moest houden, dat ik een rol speelde. Ik speelde de topsporter. Ik was geen wielrenner. Ik probeerde anderen te laten geloven dat ik topsporter was.'

'Moest je ook jezelf erin laten geloven?'

'Ja. Ik moest daar natuurlijk niet te lang bij stilstaan, want erg wenselijk is dat allemaal niet.' Hij haalt zijn ogen van de weg en kijkt me snel aan. Voor ik me kan afvragen wat die blik betekent, zegt hij: 'Ik heb er eigenlijk nooit deze woorden aan gegeven.' Het is even stil. 'Dit is dus interessant om over na te denken en dit te vertellen.'

Hij vroeg zich tijdens die loopbaan geregeld af wat zijn bijdrage aan de wereld dan precies was en zag dat het wielrennen op die schaal een onbeduidende plek innam. Pas de laatste jaren is hij gaan inzien dat iedereen natuurlijk maar wat '*aan flut*'. Op een paar topwiskundigen na, denkt hij, en een paar andere essentiële banen die er natuurlijk zijn. Hij houdt het er maar op dat er mensen zijn die hebben genoten van het wielrennen.

Er is toch ook niks mis mee, dat hij wielrenner was, jarenlang deel van het peloton uitmaakte? Nee, maar zo dacht hij toen niet. Toen dacht hij: ik heb een brede blik op de wereld, ik loop hier mijn tijd te verdoen, ik verwaarloos mijn hersenen. Maar waarom moet hij zich ervoor schamen dat hij wielrenner was, een verdomd goeie ook nog? Waarom trok hij zichzelf zo in twijfel? Waarom vond hij dat je iets moet bijdragen aan de wereld? 'Vond je jezelf dan ook minder leuk, misschien zelfs minderwaardig, omdat je profwielrenner was?'

'Ja. Dat klinkt heel hard, als ik het zo zeg, maar het antwoord is wel "ja".'

'Misschien ben je in de kern dus meer een ex-renner dan dat je ooit een renner was. Omdat je verlost bent van het oordeel over jezelf. Het is verleden tijd. Geen verantwoording meer af te leggen aan jezelf?'

'Ja. Ik ben nu een ex-renner. Heerlijk. Ik kan nu pas genieten van het leven dat ik toen leidde. Nu pas kan ik het toelaten dat ik het wielrennen ook heel leuk heb gevonden.'

'Dit besef komt nu heel duidelijk bij je binnen, heb ik de indruk.'

'... Dat klopt, ja.'

We staan voor een stoplicht. Voor onze neus de bakstenen muur die het Parco Nationale di Monza omgordt, de plek waar hij in 2017 begon aan de afsluitende, beslissende tijdrit van de Giro. Tom heeft tranen in zijn ogen staan, lijkt in gedachten verzonken. Het besef van zijn persoonlijke ontdekking raakt hem. We passeren een paar rotondes, de straten in Monza staan blank.

'Ik weet niet goed waarom ik dit altijd zo gedacht heb,' zegt hij aarzelend. 'Hoe harder mensen gilden hoe geweldig het wel niet was wat ik allemaal deed, hoe moeilijker ik het kreeg als renner. Ik moet wel zeggen dat dat gevoel steeds meer begint weg te zakken, maar tijdens mijn loopbaan had ik er moeite mee als mensen mij op een voetstuk zetten en mij begonnen op te hemelen. Ik dacht altijd: waarom staan jullie nou te juichen? Waar gaat dit over? Het is zo onterecht, want ik ben dit niet. Ik speel dit. Ik ben een imposter, een egoïst die zijn egoïstische droompje najaagt. Mensen identificeerden mij alleen nog maar met die gespeelde versie van mij. Ik ben een normale jongen, maar niemand zag mij meer zo. Ik vond het ook altijd raar als ik bijvoorbeeld naar Amerika ging, dat ik dan "*professional cyclist*" moest invullen bij “beroep”. En hoe meer succes ik had – helemaal na die winst in de Giro – hoe moeilijker het voor mij werd. Langzaam verdween het plezier, terwijl ik er juist altijd zo van genoot.’

We parkeren de auto op het pleintje voor ons hotel. De vriendelijke receptionist herkent Tom vrijwel meteen, al werpt hij voor de zekerheid toch even snel een blik op diens paspoort.

‘We zijn hier omdat de tijdrit naar Milaan hier begon,’ zegt Tom, in een poging enige twijfel bij de man weg te nemen. ‘Op het circuit. Ik won hier in 2017.’

De man herinnert het zich nog, vertelt waar we de auto voor de nacht kunnen parkeren en geeft daarna onze kamersleutels. Eten is ook geen probleem. Als ik mijn tas een paar minuten later op het bed gooi, licht mijn telefoon op. Een bericht van Tom, die een kamer verder zijn intrek heeft genomen.

Bizar.

Hij stuurt een screenshot mee met de afbeelding van de zoekopdracht ‘imposter syndrome’: *‘The condition of feeling anxious and not experiencing success internally, despite being high-performing in external, objective ways.’*

Had het nog nooit zo bekeken eigenlijk.

Maar dit is het wel echt.

Als we een kwartier later op een terras zitten aan de rivier die door Monza stroomt, pakt Tom zijn telefoon. *‘Hey man, hang in there and good luck tomorrow.’* Hij leest het bericht van Lance Armstrong aan hem voor. ‘26 mei 2017. Even opzoeken. Hier, twee dagen voor de tijdrit. *Not that you are asking, but here are some thoughts.* Is toch leuk? Hier, lees zelf maar.’

'Stay up front, rely heavily on your team. Avoid any kind of needless exceleration, you're a big guy so these small moves cost you a lot. Don't panic. You'll make it back in time in the time trail but your gaps to Quintana and Nibali will be smaller that in the first TT, *plus is obvious shorter. Don't neglect hydration and nutrition. Go get them.'*

'Tnx for the tips Lance,' antwoordde Tom. *'The first one I learned the hard way today, damn. I'm going to try to be smarter tomorrow and hope for some better legs.* Kijk hier, op 28 mei – de dag van de tijdrit krijg ik een "dubbele boks".'

'Atta boy, 34 seconds in 29 kilometers, less than two seconds per kilometer,' stuurt Lance later. *'You'll look good in pink tomorrow night. No risks, corners flats etcetera, good solid warm up, good luck, and go get 'm.'* Om halfzes volgt er nog een 'boks'.

'En hier nog een, deze is van Alberto Contador. *Good luck tomorrow, great race today.* Ik antwoord dat ik kalm en sterk zal proberen te zijn en vraag hem nog om wat tips. *The last chrono always makes you doubt, but you have the best aerodynamics and you move more watts than your rivals in that position. Stay focused and you will win. They may come out very fast but after 10k they will be dead. Fingers crossed for you.* En weer een boks. Dit is toch leuk? Dit waren toch mijn helden toen ik begon met wielrennen kijken.'

'En met deze berichten lijken ze te zeggen dat je welkom bent in het gilde der grote-ronderenners?'

'Ja, daar hoorde ik ineens bij. Zij waren het hoofd en ik was *the newbi*, zeg maar.'

'Voor hen – allebei toch besmeurd – was het ook goed als jij tot dat gilde behoorde.'

'Ik denk niet dat die gedachte achter deze berichten zat.

Ik denk dat ze gewoon in hun hart *die hard* wielerfans zijn en meeleven met de koers.’

6

De tijdrit

Omdat we straks naar het circuit van Monza gaan waar Tom in 2017 begon aan de afsluitende tijdrit, vraag ik hem de volgende morgen tijdens het ontbijt in een zijkamer van het hotel of er een gebeurtenis is aan te wijzen die hem tijdens zijn loopbaan een spectaculaire verbetering opleverde in tijdritten. 'Dat was in de rit van de Tirreno-Adriatico van dat jaar, 2017. Die is elk jaar op hetzelfde parcours. Ik werd twaalfde, dacht ik. Wacht, ik zoek het even op. Hier, tijdrit. San Benedetto del Tronto. Dertiende, op 33 seconden van Rohan Dennis. En ik weet nog heel goed dat ik er niks van snapte. Ik trapte goede vermogens weg. Ik begreep er echt niks van. Hoezo dertiende? Ik zat daar echt mee in mijn maag.'

Het was zijn trainer Hendrik die erachter kwam wat er niet goed was gegaan. Hij had gezien dat Ryan Mullen, een renner van Cannondale die als negende was gefinisht die dag, al zijn gelogde gegevens van de tijdrit op Strava had gezet. 'Wat een domme actie! Alles stond er, alles!' Ze konden de file van Tom naast die van Mullen leggen en precies zien waar die winst op hem had gepakt. Uitkomst? Op de rechte stukken reden ze ongeveer even hard, maar Mullen won tijd direct na een bocht, en omdat er maar vier bochten in het parcours zaten was dat twee seconden per bocht.

'Ik had me niet top gevoeld die dag en wat gebeurde er als

ik mij niet helemaal fit voelde? Dan trok ik een beetje lui op, miste de felheid en de kracht. "Moet je kijken hoeveel hij op jou wint!" riep Hendrik. "Beter als je in het vervolg zo hard mogelijk optrekt uit een bocht, ook al ben je moe, ook al rij je daarna bij wijze van spreken 1 kilometer per uur minder hard op de vlakke, rechte stukken. Het levert soms meer op als je een goede sprint trekt na een bocht en daarna even temporiseert." Ik weet nog dat ik in 2019 een keer een felle discussie heb gevoerd met een teamgenoot. Die had na de ploegentijdrit in de UAE-Tour zijn file online gezet. Dat was een tijdrit waarin wij tweede waren geworden achter Jumbo-Visma. Wat een hobbysporter ben je dan, joh! Ik snapte daar nooit wat van. We doen hier toch aan topsport? Uit zulke gegevens kun je toch informatie halen? En ik vind dit juist zo leuk aan het wielrennen, dat spelletje om slimmer te zijn dan een ander. En dan gooit hij – een lieve jongen, echt – al die info in de openbaarheid. Maar hij snapte niet waar ik me nou zo druk om maakte. "Hoezo?" zei hij. "Mijn fans vinden dit leuk." Maar godverdomme, we zijn hier toch bezig met winnen, of wat? Ik wist dat we minder sterk waren dan Jumbo-Visma, die hadden Van Emden, Roglič en focking Tony Martin. Dus we moesten slimmer zijn en omdat het een bochtig parcours was in het begin hadden we tegen elkaar gezegd: jongens, superscherp starten! Want wat je vaak zag in ploegentijdritten was dat de eerste rustig door die bocht gaat om de laatste een kans te geven weer aan te sluiten. Maar de eerste van ons zou hard door de bocht gaan dus die laatste twee wisten: dat wordt sprinten, want ze wachten niet. Zo pakten we seconden op hun. Maar nadat hij die files online had gezet, ben ik er zeker van dat Mathieu Heijboer, de performance manager van

Jumbo-Visma, die gegevens heeft vergeleken met zijn eigen renners. Honderd procent. Zo'n gast is Mathieu! Ik wist van die tijdrit van Mullen twee jaar eerder hoe belangrijk zulke informatie kon zijn. Dus daarna ging het met die ploeggenoot over topsportbeleving, want als je dit niet begrijpt, hoe groot is je beroepsernst dan? Ik extrapoleerde het gelijk: hoe loop jij dan in dit wereldje rond? Blijkbaar beleefde hij – en met hem de meesten van ons team – dat totaal anders dan ik. Ik besefte: we zitten er niet allemaal hetzelfde in. En begrijp me niet verkeerd, niks ten nadele, want dat was echt een hele goed teamgenoot, hè? Geen slecht woord over hem, maar hij beleefde zijn profjaren anders dan ik. Misschien dacht hij wel: ik heb niet de lichamelijke kwaliteiten om de grootste wedstrijden te winnen, dus dan is het ook wel logisch dat je het allemaal wat luchtiger maakt voor jezelf in plaats van als een opgefokte gast in de rondte te lopen en uiteindelijk alleen maar gefrustreerd te raken. Ik was heel kritisch op mezelf. Daar heb ik geen spijt van, maar het heeft me wel veel gekost. Al die stress over elke bocht die je neemt, over welke houding je op de fiets aanhoudt, welke lijn je rijdt in een tijdrit. Als je zo alles benadert dan maak je het best ingewikkeld voor jezelf. Die zoektocht, die spanning en stress, die hebben er overigens wel voor gezorgd dat ik ook dit soort grote wedstrijden als de Giro kon winnen. Maar ik kan niet zeggen dat ik tijdens de beste jaren van mijn carrière relaxed en leuk door het leven ging.'

'Wat heeft het je opgeleverd?'

'De wetenschap dat ik hard, controle-driftig, perfectionistisch en gefocust kan zijn op één specifiek ding.'

'Zelfvertrouwen dus?'

'Ja, dat ik in staat ben geweest op een bepaalde manier

in het leven te staan, waartoe anderen niet in staat waren. Als het lastig wordt, weet ik dat ik voor hetere vuren heb gestaan, dat ik toen liet zien dat ik dat aankon. Ik denk dat alles wel betekenis heeft in je leven en het zou kunnen dat deze periodes waarin ik heel hard was voor mezelf of dat ik diep in de shit zat en dat die perfectionistische persoon, die controle-driftig was, hebben gezorgd dat ik nu beter kan waarderen wat ik heb gepresteerd. Ik vind het moeilijk om... laat ik zeggen: ik ben nu ook heel blij en trots op de versie die ik toen van mezelf was. Gaaf dat ik zo lang in staat was die versie van mezelf te zijn. Een vermoeiende periode, dat zeker, voor mezelf, maar ook voor anderen. Daar ben ik dan weer niet trots op. Maar nou doe ik net alsof het een bewuste keus was, dat was niet zo. Toen was ik gewoon zo. Toen was dat mijn normaal. Ergens wilde ik het ook op die manier.'

Als hij naar die teamgenoten keek zag hij vaak renners die liever waren voor zichzelf en voor de anderen om hen heen. Maar juist die zachtheid zorgde er ook voor dat hij die wedstrijden niet won, denkt hij. Als je Tom toen had gevraagd of hij van karakter had willen ruilen, had hij direct 'nee' gezegd. En vraag je het nu, dan zegt hij nog altijd 'nee'. 'Topsport zou voor mij op die manier geen topsport zijn. Ik zou niet weten waarom ik daar in die woestijn anders een ploegentijdrit zou gaan rijden. Als het niet om winnen zou gaan, why the fuck zou ik daar dan zijn? Toen hij die files openbaar maakte, verpestte hij de lol die ik had in het wielrennen. Dat spelletje was mijn lol. Daar ging het mij om. Daarom was ik met die gasten in die woestijn. Maar die andere gasten hadden een heel andere intrinsieke motivatie dan ik. Voor hen was topsporter zijn voldoende en zij vonden het leuk om daar in die woestijn te zijn. Voor mij was dat te weinig. Kijk, voor iemand als Robert Gesink is dat anders. Die vindt fietsen het mooiste dat er is. Voor hem is nu wielrenner-zijn genoeg. Maar voor mij was dat te weinig.'

'Was je het ooit wel? Wielrenner?'

'Niet als je het definieert als wielrenner-zijn. Ik zag het zijn van wielrenner altijd als een identiteit ernaast.'

Als we naar het circuit rijden en via de Via Enzo Ferrari in het stadspark terechtkomen blijkt het daar rondom het grote complex van de pitstraat van het Formule 1-circuit een stuk drukker te zijn dan gedacht. Voor de ingang bij het grote hek staan twee stevig gebouwde mannen in een geel hesje bij een slagboom. Of wij op de lijst staan? Wij staan, denk ik, niet op de lijst, maar zou het niet toch mogelijk zijn om – heel even maar – rond te kijken? Tom buigt zich over de versnellingsbak heen naar de man toe en zegt dat hij hier in 2017 aan de tijdrit begon.

De mannen kijken elkaar aan. '*Dumoulin? Not on the list.*' Hun blik zegt genoeg. Deze plek is exclusief gereserveerd voor mannen met geld die op de speciale Ferrari-race-experience-dag in hele dure rode sportwagens en oude Formule 1-bolides over het circuit mogen racen. De plek waar Tom op zijn fiets stapte en begon aan de tijdrit naar Milaan zullen we vandaag niet bereiken. We besluiten verderop op een tribune in de ochtendzon te gaan zitten.

'Ik wist,' zegt Tom, terwijl er af en toe een luid brullende racewagen voorbijschiet, 'dat als ik gewoon een goede tijdrit zou rijden, ik het zelf in de hand had. En ik wist dat ik in staat was een goede tijdrit te rijden.'

Die ochtend had hij met Aike Visbeek het parcours verkend. Tom op de fiets, de ploegleider in de auto erachteraan. Communicatie via 'het oortje'. Tom gaf kritiekpunten aan, Visbeek schreef ze op. Putdeksel, wind van rechts dus even wat hoger in je vermogen rijden, wind mee, temporiseren. 'Op een gegeven moment wist ik meer van tijdrijden dan de coach. Niet dat ik de coach niet heel hard nodig had, vergis je niet. Een tijdrit is zoveel meer dan zo hard mogelijk op je pedalen stampen om zo snel mogelijk van a naar b te komen. En wat ik dus goed kon, was mijn krachten verdelen over zo'n parcours. Het gaat erom heel secuur te fietsen in plaats van wild en hard. Er zijn renners die tot het laatste moment op een bocht afstormen en dan in de remmen knijpen. Ik deed dat anders, kwam rustiger op een bocht aan, voelde die bocht echt, waardoor ik een paar fracties van een seconde verloor ten opzichte van die anderen die volle bak bleven doorrijden. Ik nam mijn rust, concentratie, kwam even op adem in die bocht en dan knalde ik eruit. Het levert meer tijdwinst op als je ervoor durft te kiezen ietsjes in te houden op een vlak, recht stuk van een kilometer en daarna die opgespaarde energie gebruikt om als een katapult uit een bocht te schieten. En die balans, die had ik goed door na die analyse van de gegevens van Ryan Mullen en vooral als er wind in het spel was, heuveltjes, afdalingen en bochten. Ik was bezig met mijn houding, technisch goed te fietsen.'

Na de verkenning keerde hij terug naar het hotel, waar hij de tijd weghing op bed, loze uren waarin hij te gefocust en nerveus was om relaxed even een serie te gaan kijken, terwijl het steeds stiller werd in het hotel omdat steeds meer renners bezig waren met de tijdrit of onderweg waren naar de startplek. Tom vertrok als laatste van de ploeg naar het circuit. Hij stond vierde in het algemeen klassement, moest in 29,3 kilometer 53 seconden goedmaken op Nairo Quintana die in de 19e etappe het roze had veroverd. Alles zou dus afhangen van zijn tijdrit. 'Je wilt gewoon net als de rest van de ploeg dat het klaar is. Ik was altijd heel nerveus voor zo'n tijdrit en had geen rust om kalm alles te overwegen. Ik ben van nature wel wat chaotisch, en een twijfelaar.'

Een dodelijke combinatie. Daarom is het protocol ook zo belangrijk. Zoveel minuten voor de start moest hij aanwezig zijn op het startpodium, dan moest hij zoveel minuten eerder van de rollers af komen, ongeveer 35 minuten daarvoor met de warming-up beginnen. 'Hoelang je nodig hebt is allemaal wel wetenschappelijk onderzocht. Maar hoelang en hoe intensief dat zou worden, daar gaf ik altijd wel mijn eigen draai aan.' Dan het tijdritpak een uur voor de warming-up klaarleggen, naast de overschoentjes, handschoentjes, helm, communicatieapparatuur. 'Ik ben dan wel een sloddervos, maar dit had ik altijd goed op orde.' Op datzelfde moment een cafeïnepil, want dat effect is een uur na inname het sterkst. Ruim twee uur voor de start: in de bus op de startlocatie. Mocht er nog iets aan de hand zijn dan kun je dat nog aanpakken. 'Voor je het weet is je hele dag opgehakt in stukjes.'

Op het circuit verschanste hij zich in de teambus, die hij overigens helemaal kut vond vanwege de goedkope inrichting die hem deed denken aan budget-vliegtuigmaatschappijen. Van die stoelen kreeg hij pijn in zijn rug, dus toen hij op het Autodromo aankwam lag de matras waarom hij had gevraagd al klaar. Ze propten hem in het gangpad van de bus. Tom kon nog een uur liggen, wachten tot het laatste deel van het protocol in werking zou treden. Op zijn hoofd een koptelefoon om het rumoer van buiten te verdrijven. Voor de bus van Sunweb krioelde het van de mensen.

Op de rollers begon hij aan de warming-up, eerst tien minuten à 200 watt. Zijn omslagpunt ligt rond de 420 watt, het tempo dat hij gemiddeld ongeveer een uur kon volhouden. Daarna: 1 minuut op 250w, 1 minuut 300w, 1 minuut 350w, 1 minuut 400w, 1 minuut 450w en dan nog eens dertig seconden op 500w. 'Om ook die maximale prikkel te geven aan je lichaam. Alle systemen even aan het werk gezet en alle spieren even de maximale contractie kunnen geven. Dus als je het goed beschouwt, heb je 5½ minuut een warming-up gedaan waarvan 90 seconden boven je omslagpunt. Stelde niet veel voor, maar voor mij was het genoeg. In totaal zat ik met het uitfietsen erbij voor een tijdrit 20 minuten op de rollers.'

Ik denk terug aan zijn verhaal over Ryan Mullen en de gegevens waar Tom handig gebruik van wist te maken. Hij heeft het vermoeden dat hij meer dan anderen bezig was met 'pacing'. 'Hoe zou ik mijn krachten verdelen over het parcours? Daar was ik wezenlijk beter in dan anderen. Hoe snijd ik een bocht aan? Hoe trek ik op na een bocht? Hoe kan ik het snelst in een afdaling herstellen zodat ik op dat klimmetje weer tegen mijn limiet aan kan rijden? Hoe houd ik mijn handen? Een groot deel van het peloton snapt dat nog steeds niet, maar ik moet wel zeggen dat het steeds beter wordt, over de hele linie. Komt doordat die protocollen steeds meer verfijnd zijn en iedereen van elkaar leert. Voor mij was dat jammer want tien jaar geleden was dat nog niet zo en had ik een natuurlijke voorsprong. Ik deed dat op gevoel. Ik had daar volgens mij een aangeboren talent voor. Daarom kon ik ook die eerste tijdrit winnen, die Nations

Cup in Portugal, zonder dat iemand mij ooit had verteld hoe dat moest, tijdrijden. Die subtiliteiten kun je volgens mij niet leren.'

We kijken ondertussen al een tijdje naar de rode racewagens, Tom begint zich te vervelen. Even later rijden we het circuit af en komen via een doolhof aan hekken en slagbomen weer buiten de poorten van het park terecht. Tom heeft het parcours van de tijdrit bij de hand. We mengen we ons weer in het Italiaanse verkeer.

Een halfuur later staan we muurvast midden in het centrum van Milaan in onze poging de Škoda zo dicht mogelijk bij de Duomo te krijgen. We zijn ingeklemd tussen robuuste gebouwen, lelijke winkeltjes, glanzende etalages en eigentijdse kantoren. Om ons heen Fiatjes, Lancia's, blinkende BMW's, scooters, transportbusjes, zo nu en dan een sportwagen en rijdende betonmixers. Dit deel van de binnenstad wordt ook nog eens op de schop genomen. Volgens Tom zijn we in de buurt, hij oppert naar rechts te gaan. Ik zie dat er nog een mogelijkheid is, een paar honderd meter verderop. We kruipen over straat, links en rechts verkeer dat het ook op deze stadsader heeft voorzien.

'Had je geen enkele twijfel over de uitslag?'

'Ik had echt een dikke kans om te winnen, maar als ik ietsjes minder zou zijn en mijn concurrenten zouden voor hun doen een uitmuntende tijdrit rijden dan zou ik het niet redden. Ik moest dus wel uit mijn pijp komen, een zesje zou onvoldoende zijn. Ik moest wel minimaal "een 8" rijden. Het was een idyllische start, in dat park en een finish op een idyllische plek – op het Domplein van Milaan, maar dat middengedeelte...'

Een tijdrit als het wielrennen zelf: het begin is leuk, het middengedeelte keihard, lelijk en onverbiddelijk en als het goed gaat eindig je op het altaar. Hij had geen tijd voor ogen die hij wilde rijden. Zo'n voornemen is zinloos omdat je niet weet hoe de wind precies staat, je vooral op jezelf gericht bent en je technisch zo goed mogelijk moet rijden, mooi gestroomlijnd zitten en dan aan het einde het gevoel hebben dat je er alles aan hebt gedaan. Dom rammen is niet hetzelfde als er alles aan hebben gedaan. Er alles aan doen is slim rijden. 'Dat was mijn doel. Ik wist de tussentijden van anderen ook nooit. Wat zou mij dat helpen? Mijn doel is vandaag om zelf goed te rijden, niet om anderen te verslaan. Dat is meer het gevolg van zelf goed rijden. Ik mis tijdrijden ook meer dan koersen op de weg. Het is een spelletje dat je in je eentje kunt doen. Je hebt met niemand wat te maken, kunt je eigen grens opzoeken. Dat je alleen verantwoordelijk bent voor jezelf, van niemand afhankelijk bent. Ik nam de bocht. Ik bepaalde wanneer ik harder ging trappen. Ik bepaalde wanneer ik iets meer gas terugnam. Niemand dwong mij tot iets. In het peloton word je telkens een tempo opgelegd. Er is gevaar, je hebt te maken met jongens die je niet mag, er wordt geruzied, er wordt je de pas afgesneden of je krijgt een duw. Je zit gewoon klem.'

We wandelen naar het Piazza San Babila. Een hek houdt ons al snel tegen. Opgebroken weg. Omlopen. De metro stroomt leeg, toeristen, giebelde meisjesgroepjes en stelletjes bewegen zich voort in de grote winkelstraten. 'Lelijke galerijen dit, vind je niet?' zegt Tom.

'Niet echt iets wat ik associeer met Italiaanse elegantie.'

'Niet *bella* Italia op z'n mooist. Als ik zou moeten kiezen voor een Italiaanse stad om naartoe te gaan zou ik eerder

Rome, Venetië of Florence kiezen.'

We laten ons meevoeren met de stroom naar de Piazza Duomo. 'De locatie van het meest bepalende moment uit mijn leven. Ik stond daar met die trofee boven mijn hoofd, met mijn teamgenoten naast me, samen met al die toeschouwers op dat plein. Dit is de plek die mijn leven richting heeft gegeven. Soms tegen wil en dank, maar die kartelige kanten zullen er met de jaren af slijten. Ik kan er nu meer van genieten dan tijdens mijn loopbaan. Ik werd niet blij van alles wat er bij die prestaties kwam kijken. Maar nu heb ik het gevoel dat die prestaties langzaam een onderdeel van mezelf beginnen te worden. Dat gevoel heb ik ook als ik hier nu loop. Ik begin die prestaties en die gebeurtenissen nu te omarmen en in te zien dat het bijzonder en mooi was, wat ik gepresteerd heb op mijn fiets.'

Als je met je gezicht naar de Dom staat, dan kwam hij van links. 'Dan moeten we denk ik nog even terug. Dat laatste bochtje was best nog gevaarlijk. Volgens mij is het deze, de Via San Paolo.'

'Voelde je toen iets van opluchting in die laatste bocht?'

'Nee, nee, helemaal niet. Daar kijk je helemaal niet naar, joh. Je kijkt nergens naar. Je denkt alleen maar: zo snel mogelijk naar die streep sprinten. Wat interesseert het mij dan dat die Duomo daar staat? Niks.'

We passeren een gitarist die zouteloos Pink Floyd naspeelt. Voor ons het grote plein, met de duiven, de smartphones en de toeristen. Ik pak mijn telefoon. 'Hier staat het zwart-op-wit,' zeg ik. 'Je werd tweede, in 33 minuten en 23 seconden. Je werd met 15 seconden verslagen door Jos van Emden van LottoNL-Jumbo en jij was 54 seconden sneller dan Nibali en 1.24 sneller dan Quintana. Je had op de laatste dag het roze veroverd en won als eerste Nederlander de Giro. De eerste overwinning in een grote ronde sinds Joop Zoetemelk in 1980 de Tour de France won, tien jaar voordat je werd geboren. Was dit een goede tijdrit?'

'Vond ik wel. Vlakke tijdritten hadden mijn voorkeur niet. Op heuvelachtig parcours kun je meer spelen met al die factoren, maar dit was een goede, vlakke tijdrit.'

'Was dit de 8 die nodig was?'

'Ja.'

'Geen exceptionele tijdrit?'

'Dan had ik hem wel gewonnen. Nu won Jos. Vond ik nog mooier. Mijn trainingsgenoot.'

'Vind je het speciaal dat je hier nu bent?'

'Ik word er niet emotioneel van. Dat niet.'

We staan met onze rug naar het standbeeld van Vittorio Emmanuelle de Tweede en kijken naar de gebouwen die rondom de Dom staan. Tom weet nog wel een straatje in de buurt waar we kunnen lunchen. Als we die kant op lopen wijst hij naar rechts. Daar was het podium waar hij met Quintana en Nibali stond. 'Als ik Nibali morgen tegenkom dan zou ik dat oprecht leuk vinden. En dat zou wederzijds zijn, dat weet ik zeker. Hij zag ons duel ook als een spel dat we speelden en daar heb ik heel veel respect voor. Ik zou het niet zo doen als hij deed; hij was wat harder in de koers, was meer van de geniepige spelletjes, initieerde het steekspel tussen ons en ik reageerde daar dan op.'

Als we aan het tafeltje zitten en lasagne en plat water hebben besteld, vraag ik hem naar de viering van de zege met zijn teamgenoten op het podium. Die was nogal bijzonder, want niet gebruikelijk. Iwan Spekenbrink, de teambaas, wist de organisatie zover te krijgen dat Sunweb van het protocol mocht afwijken. 'Iwan benadrukte altijd dat wielrennen een teamsport was en daar werd ik soms niet goed van, van dat benauwende wat daaruit voortkwam. Altijd maar dat "samen, samen, samen". En ik kan dat echt waarderen hoor, alleen mijn beperking is wel eens geweest dat ik die waardering te weinig wist te uiten naar mijn teamgenoten. Ik heb dat op een trainingskamp wel eens teruggekregen van Johannes Fröhlinger, in mijn eerste jaar bij Argos. Ik was toen die solistische jonge tijdrijder, die zo graag autonoom wilde functioneren en daardoor gaf ik de indruk aan mijn teamgenoten dat ik ze niet waardeerde. Maar ik was niet zo'n renner die meteen na de finish iedereen direct begon te bedanken of in een tv-interview als eerste zei: "*My teammates were amazing!*" Dat vond ik altijd gedrag voor de bühne. Johannes zei: "Ik weet dat het niet zo is Tom, maar ik vind het wel fijn als ik hard gewerkt heb en jij wint, dat je ons bedankt." En hij had gelijk. Alles kwam die dag samen. Concentratie, spanning, Jos die won en ik had het gewoon geflikt. Dit was de mooiste dag. De meest intense dag. We wonnen de Giro samen en ik vond het super om daar met de jongens te staan. Het is daarom voor altijd iets wat we samen hebben bereikt.'

Op de terugweg naar Nederland zitten we in een wegrestaurant naast de snelweg. Aan een tafel met uitzicht op een parkeerplaats met laadpalen voor elektrische auto's en grote vuilnisbakken, waar kraaien zich tegoed doen aan restanten junkfood, gaat het over de huldiging in Maastricht, een paar dagen na de podiumceremonie in Milaan. De Markt stond vol met enthousiaste mensen die hem kwamen toejuichen. De band Kensington speelde twee nummers. Tom had zich nog niet vaak zo ongemakkelijk gevoeld, alsof hij te gast was op zijn eigen feestje. Zijn ouders waren buiten het schot van de televisiecamera's gaan staan, aan de zijkant, maar hadden genoten van de feestelijkheden en het gejoel. 'Tommie! Tommie! Tommie!' Maar hoe harder het gejuich, hoe lastiger hij het vond zijn 'rol' vast te houden. Hij had er moeite mee dat mensen hem op een voetstuk plaatsten. 'Dat verklaart ook het ongemak dat je kon zien toen ik op dat podium in Maastricht stond. Mensen hemelden mij helemaal op en ik weet nog dat ik alleen maar dacht: dit is zo onterecht, dit is niet wie ik ben, dit speel ik. Ik maakte het dus weer heel klein voor mezelf. Ik dacht serieus: waarom juichen jullie voor mij, waar gaat dit over? Natuurlijk snapte ik wel dat het in de ogen van anderen bijzonder was, maar het voelde voor mij als de egoïstische-ik die zijn droompje aan het najagen was geweest en nu vinden jullie dat nog leuk ook? Ik vond het de jaren na de Giro ook steeds lastiger worden die rol te blijven spelen, omdat steeds meer mensen mij alleen nog maar identificeerden met die gespeelde versie van mezelf en hoe meer ik presteerde, hoe minder mensen mij nog zagen als de jongen die ik echt was. Gewoon een normale jongen uit Maastricht. Maar zo werd ik niet meer gezien.'

'Hoe is dat nu?'

'Nu denk ik: ja, maar wacht even. Het is niet verkeerd wat ik deed en we hoeven niet allemaal arts te worden. Ik deed iets wat ik leuk vond. En het helpt ook dat ik steeds beter ga inzien dat ik veel mensen plezier heb verschaft. Ik dacht altijd dat ik het voor mezelf deed en ja, dat anderen stonden te juichen, prima, maar mij niet bellen, zeg maar. Het is jouw keus dat je voor mij juicht, maar val mij er niet mee lastig.

Nu ik zelf ook weer meer een fan ben geworden, begrijp ik dat beter. Nu ben ik er blijer om dat het feest in Maastricht is georganiseerd. Het was echt wel een heel bijzonder moment. En weet je? Ik zeg nu ook tegen Mathieu van der Poel dat ik genoten heb van zijn wedstrijden.'

'Het is net alsof jij alles in een andere volgorde meemaakt. Je begint jezelf nu langzamerhand beter te begrijpen?'

'Ja, nu krijg ik door dat ik er veel mensen ook een groot plezier mee heb gedaan. Het moet gewoon allemaal nog een beetje landen, geloof ik.'

Tijdens een vakantie in Toscane vertelde de eigenaresse van een restaurant aan Tom dat ze veel fietste. Ze herkende hem niet en praatte honderduit. 'Na afloop van dat gesprek vraagt mijn vriendin waarom ik niet gewoon vertelde dat ik fietsen ook leuk vind en dat ik het ook graag doe. Ja, maar dan vraagt die vrouw of ik hier ook wel eens heb gefietst en of ik ook prof ben geweest en o ja, wat heb je dan gewonnen en dan ja, ook de Giro? Ja, ook de Giro. Ik wil niet in zo'n gesprek terechtkomen, want voor je het weet voelt zo'n vrouw zich dan heel klein gemaakt door mij en dat wil ik niet. Dat ongemak voel ik nog steeds en dus maak ik me nog steeds klein. Maar Maxime zegt dan: "Ja, maar Tom, je hoeft je toch niet te generen voor je carrière?" En ze heeft gelijk. Ik mag best trots zijn op mijn carrière.'

DEEL 4

1

De beste

We staan bij een ticketmachine op een perron in Bergen, Noorwegen. De bankpas moet in een gleuf of een creditcard moet tegen een contactloos vierkantje gedrukt worden. In beide gevallen gebeurt er niks. Het display geeft keer op keer aan dat we het kunnen bekijken. Tom snuift van ongeduld. Een metrokaartje voor het ritje naar *Bergen sentrum* vanaf *Spor 2* van het vliegveld lijkt niet voor ons weggelegd.

Een halfuur later zet een taxi ons af in het centrum van de stad, prachtig gelegen aan de Noorse kust met fjorden, bergen, sleepboten, cruiseschepen en levendigheid rondom Bryggen, waar in de late middeleeuwen al handel werd gedreven in hout, vis, wol en andere levensbehoeften. Hier zullen we twee dagen overnachten, op zoek naar de vergeten details achter Toms wereldtitel tijdrijden van 2017. 'We móeten naar Bergen,' had hij gezegd tijdens onze voorbereidingen. 'Nu ik terugkijk, weet ik: dit was de beste dag van mijn leven op een fiets.'

In de maanden voorafgaand aan het WK had hij veel last gehad van stress, maar die nervositeit verdween zo gauw hij voet in de havenstad zette en besefte dat dit een gouden kans was. Hij had het gevoel al een tijdje tegen die WK-titel aan te hikken en toen hij het parcours een paar maanden eerder zag, wist hij: perfect voor mij. 'In de Giro had ik natuurlijk Nibali en Quintana verslagen, maar Chris Froome had niet meegedaan. Daarom voelde ik mij na de Giro niet per se de beste klassementsrenner ter wereld. Maar op deze dag in Bergen was iedereen er – Froome ook – en ik was die dag de allerbeste tijdrijder van de wereld. Nooit eerder voelde ik me zo sterk en daarna heb ik me ook nooit meer zo sterk gevoeld als toen. Dus daarom gaan we naar Bergen.'

We checken in bij ons hotel en kijken verbaasd naar een schaal met worteltjes die op de desk van de receptie staat. In een hoek staat een rek waar je tegen betaling een paraplu kunt huren. Geen overbodige luxe in Bergen. Nadat we onze tassen in de kamers hebben gezet, besluiten we onze kans te pakken. Het is droog dus we gaan lopend naar de top van Mount Fløyen, waar de finish van de tijdrit lag.

Hoewel hij die dag in 2017 een van de favorieten was, twijfelde Tom lang over zijn vorm. Hij had in de maand ervoor in Livigno een trainingskamp gehad, maar het liep daar van geen kanten; hij kon de tijdrittrainingen niet uitvoeren zoals hij hoopte. Hij weet nog dat hij Hendrik belde. 'Het gaat niet.'

Hij sliep slecht in de aanloop. De winst in de Giro, een vierde plaats in de San Sebastián Klasikoa en de eindzege in de Binck Bank Tour zorgden voor hoge verwachtingen. Drie weken later viel alles bitter tegen toen hij in Canada slecht sliep, gestrest was en uiteindelijk in de eendagskoersen GP Quebec (49e) en de GP Montreal (28e) niks kon uitrichten. In de nabijheid van zijn helpers rolde hij over de streep. Een week later zou op zondag de ploegentijdrit in Bergen van start gaan, de woensdag erop de individuele tijdrit, met een parcours dat hem op het lijf was geschreven.

Hij worstelde. De rest van de sportwereld zag hem als de grote favoriet maar vrijwel niemand wist van de spanning, de slapeloosheid, de twijfel. Blijkbaar niet mijn moment, dus geniet er nou maar gewoon van, zei hij tegen zichzelf. Zoals vaker liet hij zijn verwachtingen varen toen het moment daar was. Hij had voor zichzelf een excuus als het niet zou lopen. De WK-sfeer en het oranje-tenue waarin hij mocht rondrijden zorgden wel voor een oppepper en door de teruggeschroefde verwachtingen begon hij zich met de dag beter te voelen. Toch was het onoverwinnelijke gevoel nog altijd ergens anders. Op zondag won Sunweb de wereldtitel op het onderdeel ploegentijdrit. Toms teamgenoten: Lennard Kämna, Sam Oomen, Wilco Kelderman, Søren Kragh Andersen en Michael Matthews. Geen misselijke ploeg.

We lopen naar het begin van de klim. Ik wijs naar een bushalte voor de apotheek waar mensen staan te wachten op vervoer. Daar was de wisselzone, de plek waar renners van hun tijdritfiets mochten wisselen naar hun klimfiets voor de laatste vier kilometer naar de top van de berg voor ons.

'Je mag altijd wisselen als je wil,' zegt Tom, 'maar iedereen zou natuurlijk hier wisselen en omdat er van die keitjes liggen – zie je? – voorzagen ze dat er valpartijen zouden zijn, omdat de kans op regen groot was. Daarom hadden ze een groot doek neergelegd, een soort tapijt, waardoor iedereen meer grip had bij het aanduwen van de renners die net van fiets waren gewisseld.' Het was voor hem nooit de vraag wat hij zou doen op die plek. Hij zat als gegoten op die tijdritfiets. 'Mijn houding was op die fiets beter dan op mijn klimfiets.'

Zijn start was goed. Hij keek in het begin even op zijn wattage-meter, om een indicatie te krijgen van zijn gevoel, een benchmark te creëren. Normaal reed hij weg op een wattage van rond de 430. Hij reed nu veel harder. 460 was op de meter af te lezen. 'Maar zo voelde het niet. Er was geen relatie tussen die cijfers en mijn gevoel. Godverdomme, dacht ik. Meter stuk. Ik baalde er een beetje van, en besloot zoals altijd verder op mijn gevoel te vertrouwen. Ik kon blijven gaan, blijven geven. Zoveel macht. Echt bijzonder. Het klikte later nooit meer zoals op deze dag. Achteraf bleek die meter dus wel te kloppen.'

We passeren een oud schoolgebouw uit het jaar 1740 en draaien ons om. Even een blik op de haven beneden ons. Tom ruikt aan een struik. In Monza had hij verrukt gereageerd op de weelderig groeiende Toscaanse jasmijn die aan de kant van de rivier groeide. Die had hij thuis ook. 'Interessante plant dit.' Hij pakt zijn telefoon. 'Natuurlijk heb ik daar een app voor. Hij ruikt wel als een jasmijn trouwens. Koninginnenstruik,' zegt hij na even scrollen. 'Hier omhoog?'

We laten de trappetjes waarmee je de haarspeldbochten kunt afsteken voor wat ze zijn en volgen precies het parcours, over het smalle weggetje omhoog. Flink steil. We zetten het weer op een klimmen.

Tom pakt opnieuw zijn telefoon. 'Mijn vader heeft een filmpje gemaakt. Kijk hier. Op deze plek liep ik al iets in op Froome, die voor mij was gestart. Ik heb hem niet kunnen inhalen. Zie je? Dit is Froome en daar, daar kom ik straks aan. Is het 35 seconden? Froome was echt een lekker richtpunt voor mij. Ik was vooral bezig hem te demoraliseren. Voelde heel lekker om de winnaar van de Tour de France op te jagen. Ik herinner me dat Primož Roglič op de klim dezelfde tijd had als ik, maar dat hij wel die fiets had gewisseld.'

Tijdens zijn gang rondom Bergen was het al begonnen met regenen. Niet verrassend, wel vervelend. Hij reed op smalle, heel hard opgepompte tijdrittubes om zo min mogelijk rolweerstand te hebben. Het gevolg was wel dat zijn achterwiel een beetje wegdriftte als hij kracht zette. 'Woepwoep, dat voelde ik wel een paar keer. Ik wist dat ik goed bezig was, maar ik was er ook niet gerust op, want in de regen een kilometer te hard op een bocht af gaan en je ligt op je muil. Maar hier, deze serie haarspeldbochten, toen was dat gevaar geweken. Ik moest nu rammen. Omhoog naar de finish. Dat zei ik ook tegen mezelf. Alles op alles nu.'

We komen aan bij het plateau waar een wit houten gebouw staat. Als we ervoor staan moet Tom zich even oriënteren. Hij graaft in zijn geheugen. Hoe ging het ook alweer vanaf deze plek? Op het kruispunt staan bordjes met wegbewijzeringen die we niet begrijpen. 'Ik herinner me dat we tijdens de verkenning op dit punt ook zaten te klooien. Waar is nou de weg naar de top van Fløyen? Skansenbakken? Ja, dat was het. Daar moeten we heen. Even opzoeken. Hier. Negen procent gemiddeld. Best steil. De Alpe d'Huez is gemiddeld acht.'

'Had je hier al het idee dat je zou winnen?'

'Ik was vooral bezig mezelf voor te houden dat ik zo hard mogelijk moest gaan. Ik richtte me op Froome. De gedachte aan winnen moet je van je afduwen. *Tom focus, Tom focus! Let op je ademhaling. Let op je houding. Blijf goed draaien.* Als je moe bent krijg je de neiging om op je pedalen te gaan duwen, maar als je gaat duwen, duw je het gewicht van je andere been omhoog. Het wordt alleen maar zwaarder. Blijf draaien, zorg dat allebei je benen op hetzelfde moment dezelfde kracht leveren.'

We passeren het kabelbaan-spoorstation. 'Met dat treintje gingen we na de finish naar beneden, Chris, Primož en ik in een cabine. Op het grote plein in het dal kregen we onze medailles. We kletsten een beetje, geen idee. Vooral Froome. Niemand kon slecht met hem. Echt zo'n aardige, welgemanierde Brit die de beleefde jongen uithangt. Totaal anders als hij op de fiets zat. Het was op de fiets in die tijd een killer. Ik heb ook nooit het idee gehad dat ik de echte Froome ooit heb ontmoet. Zelfde geldt misschien voor Roglič. Ik denk dat ik wel wat meer een open boek ben dan die twee. Net zoals bijvoorbeeld iemand als Geraint Thomas. Als ik met hem zou afspreken dan denk ik dat ik wel weet hoe zo'n avond zou verlopen. Ik weet wie ik voor me heb. Maar bij Froome of Roglič weet ik dat niet. Maar even voor de duidelijkheid: ik kon het altijd goed vinden met Primož. Supervriendelijk, hè? Hij is drie jaar mijn ploeggenoot geweest, maar hoe hij echt in het leven staat, weet ik niet. Dat wil ik er maar mee zeggen.'

Tom twijfelt weer of we goed lopen. Dit lijkt op het middenstuk, dat iets afvlakte, hier tussen de witte huisjes door. Hij vermoedt dat we straks in het bos terechtkomen, waar de weg versmalt en weer steiler omhooggaat. 'Daar was het ook een groot feest, bomvol Noren stond het. Ja, kijk, daar verderop begint het bos. Dit vond ik een gaaf stuk. Maar dit stuk, waar geen publiek stond, dat was ook wel even doorzetten. Je voelt je dan even alleen op de wereld, je voelt de pijn, omdat de adrenalinestroom even wegvalt, die opgewekt wordt door het schreeuwende publiek. Maar aan de andere kant hou ik ervan. Doet een beetje aan de Mortirolo denken, ook zo'n geitenpad, heerlijk ruig.' Een paar seconden later: 'Je hebt het niet bewust door als al die mensen langs de kant staan, maar je hebt het wel bewust door als ze er niet meer zijn, zoals hier. Wel kut eigenlijk. Sta je te schreeuwen, merkt de renner het pas als je er niet meer bent. Wordt helemaal niet gewaardeerd als je schreeuwt. Zo'n laatste kilometer duurt voor je gevoel ook nog best lang als het zo omhoogloopt. Maar ik was nooit bezig met afstand, want als je gaat aftellen is het einde zoek. Als ik aan een Alpencol begon en ik zag dat het nog 23 kilometer tot de top was dan zakte de moed me echt in de schoenen, hoor. Dat is een uur lang pijn en ellende. En zo'n laatste kilometer kan heel lang duren, dat zijn behoorlijk wat minuten van pijn. Je kunt niet nog harder dan je gaat, maar gelukkig wordt de pijn dragelijk door de adrenaline, tenminste, je ervaart de pijn anders door die adrenaline. Hier weet ik nog dat mijn lichaam begon te verkrampen, maar dat ik er ook op een bepaalde pseudo-masochistische manier plezier aan beleefde. Ik ben meer met afstand bezig dan met tijd. Lengte is tot op zekere hoogte te doen. Als ik denk dat ik 180 kilometer moet trainen, kan ik dat aan. Maar zo gauw ik denk: maar dat is zes uur! Dan... Maar hey! Mooi, idyllisch klimmetje dit, toch? Vind je niet? Kreeg ik wel een kick van. Weet je trouwens dat hierboven ook nog een steen in het asfalt ligt met mijn naam erop? Bij de finish. Ik zag eind mei nog wat foto's op Instagram van een paar jongens. De proloog van de Ronde van Noorwegen finishte hier. Toen dacht ik nog: verdorie, dat ben ik.'

We lopen door en komen op het plateau boven. Het is er keurig verzorgd, met een mooie promenade. We zijn hier ook niet alleen. Het is de geschiktste plek om panoramafoto's te schieten van Bergen, met haar fjorden, beboste heuvels, de gebouwen beneden en de grote schepen die er aangemeerd liggen. Er vaart een joekel van een sleepboot uit.

Tom loopt met zijn hoofd omlaag, kijkt naar het asfalt. 'Hier,' zegt hij. Een marmeren steen met erin gegraveerd de wetenswaardigheid die hoort bij 20 september 2017:

UCI 2017
ROAD WORLD CHAMPIONSHIP

MEN ELITE TIME TRAIL FLØYEN
SEPTEMBER 20TH 2017
GOLD MEDAL

TOM DUMOULIN

'Wist je gelijk dat je gewonnen had?'

'Ja, direct toen ik over de finish was.'

Tom pakt zijn telefoon en maakt een paar foto's van de marmeren steen. 'Vind ik toch leuk. Zelfbevrediging. Zelfverheerlijking.'

Als ik wil zeggen dat het gewoon de feiten zijn, is Tom met zijn gedachten al ergens anders. Bij de geiten namelijk, die hier rondlopen maar die je niet mag voederen. 'Denk jij dat iemand zich eraan zou houden?'

Ik wijs hem op een gezette en geheel in zwarte stretch-kleding gehulde man die zijn blik gericht heeft op het asfalt en benieuwd is waar die jongen die zojuist naar de grond staarde nu precies naar keek. De man pakt een camera uit zijn tas, zet zijn zonnebril op zijn voorhoofd en maakt een foto. Tom grijnst.

De Noren waren er trots op dat het WK hier werd verreden, hij snapt dat ze op deze plek die steen hebben neergelegd, als herinnering aan dat evenement. Toch hoopt hij dat hij over 100 jaar wel is verwijderd. 'Als ik tachtig ben en hier nog een keer kom, dan zou ik wel gaan kijken of de steen er nog ligt, maar ik zou niet teleurgesteld zijn als zou blijken dat ze hem hadden weggehaald.'

'Als je nu terugkijkt, weet je dat het nooit meer zo goed werd als hier.'

'Dit was de ultieme euforie,' zegt Tom van achter zijn zonnebril. 'Gewoon fantastisch. Intens geluk. Na de Giro is dit de prestatie waar ik het meest trots op ben. En ik voelde hier al wel dat mijn leven begon te veranderen. Ik vermoedde al wel dat het nooit meer zou zijn zoals hiervoor. Ergens daalde hier al het besef in dat ik alles had bereikt waar ik al die jaren zo hard voor had gewerkt. Dat weet ik nog, dat ik dacht: hey, was dit niet alles wat je wilde? Misschien is dat zaadje hier al geplant. Ik kon alles nog wel een keer winnen, maar dat gevoel na al die jaren hard werken en dan voor de eerste keer zulke wedstrijden winnen, die piek komt nooit meer. Het enige wat kan is diezelfde top nog een keer bereiken, hetzelfde nog een keer doen. Ergens wist ik hier op deze berg al: mooier gaat het niet worden. Voor mij was het hier af. Ik begon hierna langzaam de nadelen te ondervinden van die zeges, van de doelen die ik haalde. Dat ik voor eens en altijd een bekende wielrenner zou zijn, en dat was mijn droom niet. Ik wilde niet beroemd en bekend zijn. Misschien kon ik daarom ook wel dat laatste stapje niet zetten, naar een overwinning in de Tour de France, misschien de enige wedstrijd die je hoger kunt aanslaan dan de Giro en een WK.'

'Maar waarom wilde jij het wel?'

Tom herhaalt lachend de vraag. 'Ik wilde toch aan mijn directe omgeving laten zien – bewijsdrang, ja – dat ik iets knaps deed. Meer is het niet geweest. Misschien is dat ook wel te weinig om zo lang door te gaan. Ik zag om me heen veel renners die ook om financiële motieven bleven koersen, maar voor mij was er meer nodig. Voor een ander was dit misschien het begin van een rijke carrière geweest, maar voor mij zijn er honderd redenen op te noemen waardoor ik vroegtijdig ben gestopt. Deze was daar best een essentieel onderdeel van. Ik word steeds neergezet als iemand die mentaal heeft geworsteld of die dat nog doet. Flikker op zeg! Ik heb periodes geworsteld, dat klopt. Natuurlijk, ik heb het zwaar gehad, maar ik ben geen depressieve jongen die de hele tijd met zijn ziel onder de arm rond heeft gelopen. Ik deed alleen iets waarvan ik me op een bepaald moment langzaam begon af te vragen of het me dat allemaal nog wel waard was. Hoeveel mensen willen er in hun leven niet van baan veranderen omdat ze een nieuwe uitdaging zoeken? Mijn vader heeft toevallig zijn hele leven hetzelfde gedaan, maar mijn moeder switchte zo'n beetje elke vijf jaar. En alleen omdat ik iets deed wat voor de meeste mensen onbereikbaar is, zou ik ermee door hebben moeten gaan? En moet ik dan opeens de voortrekker zijn van die mentaal worstelende gemeenschap? Donder op zeg! Niemand switcht toch van baan omdat hij zo gelukkig is in die functie? Zo gek is het toch niet dat ik iets anders wilde? En het is logisch dat er een periode van worsteling of minder gelukkig-zijn aan voorafgaat. Maar dan ben je toch niet gelijk een mentaal gevecht aan het voeren? Zo heb ik het althans niet ervaren in die periode bij Jumbo-Visma. Dat hebben anderen ervan gemaakt. Ik dacht alleen maar: jongens, laat me met rust.'

Hij zoekt nog een keer de uitslag van die dag op. Hij ziet de namen en zegt dan: 'Ik was toen 26. Dan denk je toch gelijk: Giro gewonnen, WK tijdrijden gewonnen, hier hebben we de toekomstig drievoudig winnaar van de Tour de France.'

'Dacht jij ook zo?'

'Nee. Mijn doel was om alle drie de rondes één keer te winnen. Ik achtte mezelf er niet toe in staat drie keer de Tour te winnen, laat staan vijf keer.'

Voordat we naar plein gaan waar de ceremonie plaatsvond, maken we een tussenstop bij ons hotel en huren daar voor een flink aantal kronen allebei een paraplu, die nu opengeklapt boven ons hoofd dekking geeft. Tijdens een korte wandeling door het centrum passeren we het mooie concertgebouw in art-decostijl en staan even stil bij het bronzen beeld van Edvard Grieg, de beroemde Noorse componist die heel zijn leven in Bergen woonde. Daarna houden we halt bij het stadsplein. De grote plavuizen glimmen. Voor ons het zeemansmonument dat omringd wordt door 'Scandinavische nieuwbouw', zoals Tom de architectuur omschrijft. Als je over het monument heen kijkt zie je tussen de bebouwing door de kabelspoorbaan omhoogkruipen richting de top van Fløyen. Volgens Tom stond hier ongeveer het podium waar hij gehuldigd werd. We slenteren over het plein, halen een kop koffie en een broodje. Je kunt zien dat de Duitsers er in de Tweede Wereldoorlog goed hebben huisgehouden.

'Was dat euforische gevoel dat je boven aan de finish had al vermengd? Of was het nog precies zo?'

'Niet hetzelfde, maar de euforie bleef nog wel even. Ook de dag erna. Dan werken de dopamine en serotonine nog wel even door.' In Maastricht voelde hij zich een vreemde, maar op dit volle plein hier in Bergen ervaarde hij die 'verering' toch anders. Dit vond hij leuk, als er geen huldiging was geweest had hij het jammer gevonden. Niet dat het een doel was, maar deze huldiging maakt inmiddels wel deel uit van de herinnering. 'Geeft de winst toch nog wat meer cachet.'

'Sommigen slapen in hun regenboogtrui die eerste nacht. Jij?'

'Aan die flauwekul doe ik niet. Die originele trui moet ik nog wel ergens hebben, maar waar, geen idee. Op mijn studeerkamer staat een ingelijste trui die ik van de internationale wielerbond kreeg.'

'In de trui die je op het podium krijgt aangereikt rij je dus nooit?'

'Nee.'

'Maar dat is feitelijk wel de enige echte?'

'Ja.'

'En waar die is, dat weet je niet?'

'Klopt. Ook mijn tijdritpak van die dag, geen idee.'

'En die roze trui dan, uit de Giro? Die hangt dan ook vast niet op je wc?'

'Nee.'

'Wel ingelijst mag ik hopen?'

'Ook niet. Die ligt ook nog ergens te verstoffen, ja. In de studeerkamer.'

'Ik maak me zorgen om die gouden WK-medaille. Die ligt ook in je "studeerkamer"?'

‘Ik denk het wel. Hoop ik. Dat hoop ik.’

‘Is die medaille belangrijker dan die trui?’

‘Die trui is het belangrijkste.’

‘Gek, want die trui heeft alleen symbolische waarde, maar die medaille is van goud.’

‘En jij denkt dat-ie echt van goud is?’

‘Moet je het niet een keer bij de juwelier checken?’

‘Interesseert me eigenlijk helemaal niks. Bij de Spelen zijn die medailles wel heel mooi, maar daar zit ook maar een dun laagje zilver overheen.’

‘En die twee zilveren medailles liggen natuurlijk ook...’

‘In de studeerkamer, denk ik. Ergens.’

2

Regenboog

Als we lopend naar Bryggen gaan, komt de zon achter de wolken vandaan. Tom begint besmuikt te lachen als ik hem herinner aan ons gesprek aan de Amsterdamse stadskade toen hij vertelde dat hij graag gezien wilde worden, dat hij wilde dat mensen hem fantastisch vonden omdat hij iets had bereikt wat heel moeilijk was. 'Wel gelukt,' zeg ik.

'Dat is inderdaad wel gelukt, ja. Vraag twee is of je er wel gelukkiger van wordt.'

'En?'

'Het bleek van niet.'

'Wanneer kwam je daarachter?'

'Eind 2017. Ik stond aan de top en ik had die regenboog gevonden. Kom ik daar aan het einde van die boog, blijkt die pot met goud een modderpoel te zijn. Een teleurstelling was dat wel, want ergens onbewust had ik toch het idee dat het leven echt fantastisch zou worden als ik de top had bereikt. Maar het geluk bleek niet op de top te liggen. Het was een hele harde landing, een hele harde realiteit. Ik had iets nagestreefd wat helemaal niet bestaat.'

We kiezen een van de vele picknicktafels uit die aan de kade staan opgesteld. Dit is het deel van Bergen dat werelderfgoed is: Bryggen, de eeuwenoude, gerestaureerde restanten van een handelspost. Noren doen er zich in de zon tegoed aan pullen bier en grote hamburgers.

De harde realiteit sloeg eind oktober in tijdens een evaluatiegesprek op Watersley in de buurt van Sittard, waar Sunweb een dependance had voor haar buitenlandse renners. Tijdens dat intieme gesprek met trainer Adriaan Helmantel, coach Marc Reef en data-analist Jorn Kops keken ze ook naar 2018. Er bekroop Tom een beklemmend gevoel. Ineens was hij een andere renner geworden, voor de fans, de journalisten en de ploeg. En iedereen had een idee wat hij volgend jaar moest gaan doen. In zijn vakantie van vier weken had hij nog geen seconde nagedacht over zijn doelen. Hoezo doelen? Alles en iedereen om hem heen wel. Toen hij daar zat, dacht hij alleen maar: wil ik volgend jaar wel naar de Tour? Wil ik die Giro nog een keer winnen?

'Ik wist gewoon even niet waarom ik die Giro nou nog een keer zou moeten winnen. Die vraag heb ik mezelf daarvoor helemaal nooit gesteld. Aan de oppervlakte wilde ik de komende jaren echt wel proberen een keer of drie een grote ronde te winnen, maar ergens tijdens deze emotionele meeting aan het einde van 2017 voelde ik dat ik alles al uit die diepte had gehaald. Het zou nooit meer zo zijn als die eerste keer. Ik had mezelf bewezen. Ik wist dat ik een van de beste renners ter wereld kon zijn. Die lijst had ik afgevinkt en ik zag geen goede reden om nog langer die imposter te zijn. Dat kostte ook superveel energie, hè? Als ik op hoogtestage was kon ik bij wijze van spreken die week ook naar huis gaan en met mijn hond door het park wandelen. Maar ik wist: dit is een levenskans.'

Hij schakelt terug, zegt dat het natuurlijk niet allemaal zo zwartgallig was, donker en zwaar. 'Ik heb mijn carrière ook fantastisch gevonden, maar ik geniet er nu meer van dan toen. Het werd toch allemaal overschaduwd door mijn drang om te presteren en van die prestatie het belangrijkste in mijn leven te maken. Dat was de hoofdreden dat ik op de fiets zat. Ik zou niet zomaar kunnen meefietsen in het profpeloton. Dat zou me te weinig geven. Ik ben niet die pure liefhebber. In Sittard vroeg ik me tijdens dat evaluatiegesprek opeens af waarom ik dan weer al die ellende zou moeten doorstaan op zoek naar een pot met goud waarvan ik inmiddels wist dat die niet aan het einde van de regenboog stond. Ik heb de helft van die meeting zitten huilen. Ik hoopte dat het iets tijdelijks was, dat ik even tot mezelf moest komen en dat die drive vanzelf wel weer zou komen. Maar uiteindelijk kwam die ultieme drive niet meer terug. Dat realiseer ik me nu, met de wetenschap van nu. Ik realiseerde me dat eerlijk gezegd pas nadat ik was gestopt. Want ik ben in 2020 niet naar Jumbo-Visma gegaan met de intentie van goh, ik ga het allemaal eens aankijken. Nee. Ik wilde per se de Tour de France winnen. Ik dacht ook zeker dat het helemaal goed zou komen.'

De ploeg groeide en Toms relatie met Iwan Spekenbrink, de jonge eigenaar en baas van het team, veranderde. Hij had het idee dat zijn eigen ontwikkeling sneller ging dan verwacht en dat de ploeg niet kon aanhaken, met als gevolg dat die in de weerstand ging. 'Op alle mogelijke manieren. En omdat mijn ontwikkeling zo supersnel ging werd ik bijna groter dan de ploeg. Alles ging afhangen van een aantal kopmannen, waarvan ik de grootste was op dat moment. Omdat er meer geld beschikbaar kwam om personeel aan te nemen, leek de controlebehoefte van Iwan toe te nemen, want we hadden nu niet alleen maar een mannenploeg, maar ook een belofteteam en een vrouwenploeg, dus er kwamen ontzettend veel nieuwe mecaniciens in dienst, verzorgers, trainers, diëtisten, noem maar op. Er werden allerlei protocollen opgelegd om het maar in de greep te kunnen houden. Alle fietsen op dezelfde wijze opbouwen, elke verzorger doet hetzelfde, de massages allemaal even lang. Op zich logisch dat je het wilt standaardiseren, maar het werd een geprotocolleerde werkomgeving. Ik had het gevoel dat Iwan me onder controle probeerde te houden. Misschien heeft hij het anders gezien, maar ik kan alleen maar vertellen hoe ik het heb ervaren. Ik denk dat hij het moeilijk vond om los te laten. Hoe beter de prestaties, hoe groter de controle, terwijl je ook zou kunnen verwachten dat ik juist meer vertrouwen zou krijgen. Maar het voelde voor mij alsof het tegenovergestelde gebeurde. Bij iedere vraag die ik stelde, voelde ik weerstand. Ik kreeg antwoorden als: "Het is allemaal niet zo eenvoudig als jij denkt, Tom." Ik had in de Giro van 2017 mijn contract verlengd en er waren toezeggingen gedaan, maar daar kwam naar mijn idee weinig van terecht. Echt zo zonde, want we waren met een heel mooi project bezig.'

We krijgen onze hamburgers, maar er is wat misgegaan met de digitale bestelling. Ze gaan terug naar de keuken, maar ja, hoe lang dat allemaal gaat duren weet de serveerder niet. Hij is niet degene die de bestellingen opneemt, dat doet de computer. We wachten en bestellen nog een bier.

De druk nam toe. Hij smeekte Iwan om versterking te halen voor zware bergritten, als hij zijn titel in Italië ging verdedigen. Hij is de jongens die hem in 2017 bijstonden hartstikke dankbaar, maar hij wilde meer steun. De tijden van *fingers crossed* en bidden dat het allemaal goed zou gaan als er een sterke kopgroep van 20 vooruit was, wilde

Tom niet meer. Maar hoewel Spekenbrink zei te snappen wat Tom betoogde, bleef versterking uit.

Tom stond erop uitsluitend naar de Tour te gaan en daar al zijn energie aan te besteden, maar Sunweb wilde dat hij alleen de Giro zou doen, net als in 2017. Er kwam een compromis: Giro én Tour. Hij begon hoe langer hoe meer zin te krijgen om als titelverdediger naar Jeruzalem te gaan, waar de editie van 2018 zou starten en ook vond hij het bijzonder de dubbel te doen. 'Dat was ook mijn idee, hè? Mijn autonome idee. Maar dat was ook omdat ik onder geen beding onder die Giro uitkwam. Enkel de Tour was geen optie.'

De ware reden van die houding heeft hij nooit geweten. Het is echter geen geheim dat er voor de Giro ook startgeld betaald werd aan andere kampioenen.

Jarenlang leek een combi Giro-Tour onmogelijk, maar toen bleek dat de Tour in 2018 een week later startte vanwege het Europees kampioenschap voetbal dat in Frankrijk werd gehouden en Mikel Landa in 2017 na een ongelukkig begin van de Giro sterk terugkwam en daarna ook een heel goede Tour reed, begon Tom de schoonheid van de dubbel in te zien. Met Laurens ten Dam begon hij in de winter te filosoferen en te puzzelen. Die extra week rust tussen het einde van de Giro en de start van de Tour was essentieel, want daardoor kon hij eerst twee weken herstellen en daarna drie weken opbouwen. Dan had het zin om op hoogtestage te gaan.

Hij genoot van die puzzel, van het maken van een plan, met Ten Dam en zijn trainer. 'De meest gemaakte fout is dat je vijf weken voor de Tour in paniek raakt omdat andere renners op hoogtestage zijn en jij in de tuin na de Giro aan je ballen ligt te krabben omdat je aan het uitrusten bent.'

‘En dan ga je toch maar alvast wat trainen?’

‘Dan ga je te veel toen. Zoals Luka in Trepalle zei, weet je nog? En dan kom je er in de Tour achter dat je net dat extra beetje niet meer kunt geven in de finale. Dus moet je erop durven gokken dat de supercompensatie uit de Giro genoeg gaat zijn in de Tour. En ik weet nog dat anderen begonnen te vissen, bij mij en ook bij Froome, die ook de dubbel zou gaan doen. Ik heb niks losgelaten.’

Hij dokterde met zijn trainer een plan uit, gebruikte lang niet alle suggesties van de data-analist (‘we vonden nog wel eens wat gebreken in die analyses’) en plande een hoogtestage in februari en april. In de Sierra Nevada. ‘Dat was echt helemaal kut. Geen inspirerende plek, een verlaten skidorp en weinig fraaie routes. In februari is het weer er vaak ook niet best. Wilco Kelderman, Michael Matthews en ik hebben zelfs een keer een auto moeten uitgraven. Ellende, alleen maar kutweer, regen, sneeuw, verkleumd.’

In april was het niet veel beter. Hij was er toen met Sam Oomen en Louis Vervaeke en omdat ze niet in het C.A.R. wilden zitten (‘soort jeugdherberg met slecht eten en slecht werkende wifi’) hadden ze in het dorp een appartement gehuurd. ‘Dat bleek behoorlijk *shabby* te zijn, houtje-touwtje en heel donker, met een klein keukentje, met een paar kleine gaspitjes waar het een behoorlijke uitdaging was om fatsoenlijk eten te maken dat voldeed aan onze voorschriften. Maar het was het enige beschikbare appartement met een keukentje boven de 2300 meter.’ Ze raakten ingesneeuwd; het was zo erg dat het in heel Europa nieuws was, zulk belabberd weer in Andalusië. ‘Ik had het helemaal gehad op die schijtberg en in dat kutappartementje. Ik maakte me zorgen om mijn voorbereiding.’

Zijn moeder, die al had gemerkt dat het spelelement na de Giro-zege snel aan het verdwijnen was en vaak vooral een vermoeide jongen zag, denkt nog vaak terug aan dat trainingskamp. Tom belde haar op om zijn hart te luchten, wilde zo snel mogelijk een vlucht terug naar huis boeken.

Ze hadden bij de ploeg van die *personalized plates*, daar waren ze mee begonnen in 2017. Tom volgde het redelijk, het gaf richting. In 2018 besloten ze het ook toe te passen in de voorbereiding. 'Ik trok dat daar niet. Het ging niet in dat kleine appartementje en het was constant een geworstel met die maaltijden. Het kostte me zoveel energie en ik wist heus wel wat ik zo'n beetje moest eten. Dat was de jaren ervoor ook goed gegaan, maar dit gaf zoveel stress, elke dag met die diëtiste aan de lijn. En de verzorger had van haar de instructie gekregen alleen maar boodschappen te doen die zij had goedgekeurd. Wij moesten op een bepaalde dag een appel eten. Ik dacht: maar what de fuck, bepalen ze nu tot aan het fruit toe wat ik mag eten? Ik mag toch zelf wel weten of ik zin heb in een appel of een kiwi? Ik vroeg aan die verzorger of hij ook kiwi's wilde meenemen. Nee, dat moest ik overleggen. Wat een kutwereld is dit, dacht ik. Sméken of ik een kiwi mag hebben? Ik had het idee dat alles een discussie werd, tot aan die kiwi aan toe. Dit was wat ik niet wilde in het leven. Drie weken opgesloten in de sneeuw en iemand die ver weg was bepaalde wat ik zou mogen eten daar? Het voelde als een strafkamp. De ploeg liep vast en ik liep vast in die ploeg en daar staat die kiwi symbool voor. Ik wilde niet meer in de Sierra zijn, maar ja, als ik de Giro zo goed mogelijk wilde voorbereiden moest ik op hoogte zijn. Want daar krijg je net dat beetje extra van, die extra prikkel. Mis je die, dan kun je een klassement uit je hoofd zetten, dus ik moest er het beste van maken. En toen sprak mijn moeder de legendarische woorden: "Maar ze hoeven het toch helemaal niet te weten, je hoeft toch niet alles te vertellen wat je doet en eet? Jij bent ook zo eerlijk dat je steeds alles gaat vertellen. Tom, doe niet zo moeilijk, pak de auto, ga naar de supermarkt en niemand die dat weet."'

Hij herinnert zich een andere dag tijdens dat kamp ook nog heel goed. Eerst de auto uitgraven, want ze moesten echt een keer lang op de fiets zitten na dagen achtereen binnen op de rollers. Zij die weerapps checken, even wachten nog, dan maar koffie. Oké, het besluit viel: een uurtje naar het zuiden rijden. Resultaat: regen en vijf graden. Nog maar een uur verder dan, tot ze in Malaga terechtkwamen. Eindelijk goed weer, vijf uur trainen. Maar ja, te weinig eten meegenomen. Schransen in een tankstation, er zat niks anders op. 'Ik zag ons daar zo staan, en ik daarbij, de man die de Giro had gewonnen. Stond ik zakjes Haribo leeg te eten, want verder was er niks te krijgen.'

De gemoedelijke sfeer uit de beginjaren van de ploeg was volgens Toms vader en moeder verdwenen, ze merkten dat hun zoon het niet makkelijk had. 'Hij werd geleefd,' zegt zijn moeder. 'Hij had nog wel die intrinsieke motivatie en de lol in de sport, maar hij was een belangrijke troef geworden, die telkens ingezet werd. Tom was in een enorm harde wereld terechtgekomen.'

In mei vertrok Tom naar de start van de Giro, naar Jeruzalem. Hij keek er naar uit om er te zijn en raakte bij aankomst onder de indruk van de geschiedenis. In plaats van op zijn bed te gaan liggen, pakte hij zijn fiets en begon op sportschoenen en in casual kleding op zijn koersfiets een rondje door de oude stad te rijden. Hij trok veel bekijks.

'Volgens mij was ik de enige renner die dat deed. Maar voor mij was dit ontspanning, daar als toerist te zijn. Twee dagen voor de start van de Giro kon ik even geen renner zijn. De avond voor de proloog zijn we nog met de hele ploeg naar de Klaagmuur gegaan. Ik zei: "We zijn hier weliswaar naartoe gegaan om de Giro te winnen, maar laten we vooral koesteren dat we op zo'n bijzondere plek zijn."'

'Werkte die ontspanning?'

'Ja, ik won de proloog in de regenboogtrui, als titelverdediger, dus met nummer 1 en als laatste gestart. Na dat voorjaar, waarin ook de resultaten waren tegengevallen en ik worstelde met mijn nieuwe status, bleek voor mij toen dat je op karakter en kunde ook een heel eind kunt komen. In die maanden voor Jeruzalem was er echt niks aan en heb ik wel dagen gehad waarin ik me afvroeg hoe ik dit in hemelsnaam nog vijf jaar zou kunnen volhouden. Maar in Israël viel alles op zijn plek: de stad, de tijdrit. Na al die maanden was het wielrennen weer een keer leuk. Ik vond alles weer gaaf. En dat had ik echt weer even nodig, want als die Giro was tegengevallen was ik serieus gaan twijfelen of ik wel moest doorgaan, omdat ik dan niet geweten zou hebben hoe ik het een beetje luchtig en leuk kon houden voor mezelf.'

'Uiteindelijk heb je het geen vijf jaar meer volgehouden?'

'Dat wist ik toen nog niet. Kijk ik nu terug dan waren het vaker van dit soort kleine momentjes die me steeds meer lieten twijfelen aan het gevoel dat steeds duidelijker de overhand begon te krijgen. Dat ik best wel veel aan het wielrennen niet leuk vond. Dat ik met best veel zaken moeite had.'

Hij neemt een hap van de nieuwe hamburgers met ketchup. Er klinkt een heerlijk zomers gegons om ons heen.

'Ik miste in die Giro het overschot van 2017. Simon Yates reed die eerste weken rondjes om iedereen heen. Voor mij was het een kwestie van schade beperken. Ging overigens vrij goed. Ik verspeelde het roze na de eerste dag aan Rohan Dennis en ben tot en met het einde op die tweede plek blijven staan.'

'Eén moment het idee gehad dat je de Giro ook in 2018 kon winnen?'

'Nee. Ik had in de vijftiende etappe wel voor het eerst het gevoel dat ik meedeed voor de prijzen en ik merkte al wel een paar dagen eerder dat Yates kwetsbaar was en hoewel ik tijd terugwon op hem, kwam Froome na twee weken ook terug in de wedstrijd. Hij won vervolgens op de Zoncolan.' Hij checkt even zijn telefoon. 'Die ging van twaalf naar vijf in het algemeen klassement. Ik moest bijna veertig seconden op hem toegeven. En toen kwam ineens dé dag van Froome. Eerder in die etappe naar Bardonecchia kraakte Yates en toen stond ik ineens tijdens de etappe virtueel aan de leiding met drie minuten voorsprong op Froome. Ik dacht: o, maar wacht effe, als Yates echt wegzakt ben ik *best of the rest*.'

Dat duurde niet lang. Froome versnelde op zes kilometer voor de top van de Colle delle Finestre, op ruim zeventig kilometer voor de finish. Tom reed op zijn limiet. 'Ik zat in zijn wiel toen hij versnelde en ik moest hem laten gaan. Ik dacht: waar komt dit ineens vandaan? Hij was ineens zoveel beter. Ik wist dat het een hele moeilijke klus zou worden.'

'Er waren nog wel wat vragen na afloop. Jij kwam 50 seconden na Froome boven, met Carapaz en Pinot.'

'Ja, en ik had al driekwart minuut op die klim verloren terwijl ik alles had gegeven. Ik wist: als ik alleen achter

Froome aanga, die zo hard gaat, dan verlies ik in zeventig kilometer meer dan drie minuten op hem. Dus mijn enige kans om terug te keren was samenwerken met Pinot, Chavez en Reichenbach, die we lieten terugkeren. Pinot en Chavez stonden achter mij in het klassement dus die lieten mij het werk opknappen en ik hoopte dat ik met Reichenbach, een ploeggenoot van Pinot, het grootste deel van het werk zou kunnen oplossen. Maar wat ik niet had kunnen voorzien was dat Reichenbach zo slecht daalde dat we zelfs in de afdaling tijd verloren op Froome en op het vlakke had ik ook niet veel aan hem, omdat hij eigenlijk vooral heel goed kan klimmen. Hij miste power op het vlakke. Dus het was een goede keus op hem te wachten. Die pakte alleen verkeerd uit omdat we niks aan hem hadden. Dus verloor ik alsnog die drie minuten. Als ik niet op Reichenbach had gewacht, Pinot en Carapaz geen aandacht had geschonken en er een tijdrit van had gemaakt, was het verlies misschien twee minuten geweest.'

'Dan had je wel het roze gehad?'

'Dat klopt, maar omdat ik zo naar de klote was geweest en hij opeens zoveel beter, was ik de leiding de dag erna wel kwijtgeraakt, op die drie colletjes die daar op het einde lagen. Ik heb die dag de Giro niet verloren. Ik miste gewoon de tóp-topvorm. Ik heb de Giro van 2018 niet door tactische fouten verloren. Eerst stuitte ik op Yates die veel beter was en daarna op Froome. Ik heb er vrede mee.'

3

Kwijt

In de twee weken na de Giro deed hij bijna niks. Hij fietste misschien zes uur in tien dagen. De eerste drie dagen helemáál niet, daarna drie dagen à twee uur, daarna nog een wedstrijdje ('een uurtje') en vervolgens weer drie dagen helemaal niks. Wandelen met de hond, een keer de stad in om een biertje te doen, de barbecue aangeslingerd. 'Gewoon even geen wielrenner zijn dus. Daarna training iets opgevoerd en naar La Plagne afgereisd, voor een hoogtestage van een dag of tien in de Alpen, waar ook Søren Kragh Andersen en Simon Geschke waren. Ik wist dat tien dagen aan de korte kant was, maar ik wilde gewoon even in die bergen zijn geweest, een herhaalprikkel halen, na twee eerdere hoogtestages in Sierra Nevada. Dat je lichaam voelt: ik moet wel effe wat doen hier, maar niet zoals je misschien zou denken vlak voor de Tour. Ik moest vooral niet te veel doen, want dan zou het zeker niks worden. In de week van de Tourstart heb ik het weer rustig aan gedaan.'

Ze verkenden tijdens hun stage ook de tiende en de elfde etappe met aankomst op La Rosière en de afdaling van de Cormet de Roselend die daaraan voorafgaat. Daar kregen Tom en Kragh Andersen een idee. Toen ze naar de Franse westkust reisden voelde hij zich relaxed.

Het begin van de Tour, gestart in Noirmoutier-en-l'Île, een schiereiland in de buurt van Nantes, ging niet vanzelf. Na vier dagen voelde het alsof hij al twee weken koers achter de rug had. Hij kon wel blijven rijden, maar goed voelde hij zich niet. 'En ik was heel mager, voelde me slap, had geen overschot, geen power. Ik was een beetje een duffe zombie die eerste week. Niet fit, niet fris. We hadden van die op maat gemaakte voedingssjablonen en ik heb altijd het idee gehad – zeker als we in grote rondes met vlakke sprintetappes begonnen – dat ik te weinig kreeg. Ik had in die eerste week per dag misschien wel 500 tot 1000 calorieën meer moeten eten. Dat denk ik. En ik at stiekem al een beetje meer, maar als ik 's avonds op mijn bed lag voelde mijn maag zich niet gevuld. Geen honger, maar ook niet goed. In de tweede week heb ik die sjablonen opzijgegooid, heb die eerste twee dagen alles gegeten wat los en vast zat, gewoon gaan eten wat ik wilde. Verrek er maar mee, met je *templates*. Er is niemand in de ploeg die je kan verbieden te eten, hè? Ik kreeg meer energie, kwam een kilootje aan, wat vooral vocht is omdat je glycogeenvoorraad zich aan water bindt. Ik was dan wel zwaarder in de Alpen, maar ik had ook meer macht in mijn benen. Ik had eindelijk het gevoel dat ik weer een beetje mens was.'

Na tien etappes stond hij elfde in het klassement, achter hem nog Quintana (16), Mollema (15), Bardet (14), Majka (13) en Kruijswijk (12), maar voor hem nog een flink aantal klassementsrenners als Roglič (10), Nibali (9), Landa (8), Adam Yates (7), Froome (6), Valverde (3) en Thomas (2). In de elfde etappe van Albertville naar de top van La Rosière maakte hij zijn move.

Voor Tom was het een bijzondere plek. Vroeger ging de

familie er altijd skiën, huurden ze een groot chalet. Hij leerde het skiën als vierjarig jongetje van zijn oom, die net als hij niet van de ski's af was te slaan. 'Ik was echt wild van skiën en hij ontfermde zich dan de hele dag over mij. De eerste keer dat ik mee mocht op zo'n tocht, naar Italië op ski's, geweldig vond ik het. En ik herinner me nog een dag dat ik alleen met hem was, in een sneeuwstorm, iedereen zat binnen, maar wij wilden skiën, we zagen natuurlijk geen hand voor ogen. Ben ik hem ook nog even kwijtgeraakt. In paniek natuurlijk, ik dacht dat ik verdwaald was – vijf jaar oud in een sneeuwstorm, maar dat kwam goed.'

Zijn oom was in het voorjaar van 2018 overleden en pas op de fiets tijdens de elfde etappe kwamen die ski-herinneringen naar boven. Søren Kragh Andersen zat mee in de vlucht van de dag en na een tijdje kreeg Tom het idee dat de kopgroep voor de streep ingerekend zou gaan worden door de groep favorieten. Hij vermoedde dat uit zijn groep Froome en Thomas het in de afdaling van de Roselend rustig aan wilden doen. 'Maar ik dacht: ik ken die afdaling nu goed, dus waarom probeer ik het niet gewoon. En Søren is een van de beste dalers van het peloton. Dus ik communiceerde met de ploegleider en vroeg hen Søren op mij te laten wachten in het slot van de klim naar de top van de Roselend. Toen we over de kop kwamen zijn we met z'n tweeën gaan knallen. Søren daalde als een malloot en ik probeerde hem te volgen, wat niet helemaal lukte want Søren is echt zo gek als een deur én technisch heel goed, dus hij moest af en toe even inhouden om mij bij te laten sluiten. In het dal hadden we een flink gat geslagen, half minuutje volgens mij. Søren heeft op de slotklim nog veel gegeven in die eerste redelijk vlakke kilometers. We haalden Valverde bij en ook Dan Martin en ik dacht: verdomme, het gaat me toch niet gebeuren dat ik hier vandaag ga winnen? Ik zag het gebeuren, maar toen kwamen Thomas en Froome van achter opzetten. Thomas knalde over mij heen en nam twintig seconden voorsprong en ik kwam met Froome over de streep. Ik moest een traantje laten toen ik van de fiets stapte. Omdat ik juist in dit gebied zo'n mooie aanval had gedaan.'

Het klassement begon vorm te krijgen, met Thomas aan de leiding, gevolgd door Froome, Tom, Nibali, Roglič en Kruijswijk. 'Ik was stabiel goed. Beetje als in de Giro. Ik was gewoon de een na beste in de Tour. Thomas reed heel soeverein in de rondte. Ik heb nooit, geen enkel moment, het gevoel gehad dat ik hem kon kloppen. Ik kon hem wel aanvallen, maar niet verslaan. Ik kon hem het leven niet echt zuur maken. Ik moet zeggen dat ik ook wel een beetje op mijn laatste benen liep.'

De negentiende etappe bleek later van groot belang voor het verdere verloop van Toms loopbaan, een rit van Lourdes naar Laruns, met beklimmingen van de Aspin, Tourmalet, Borderès, Soulor en ten slotte de Aubisque. Roglič (4), Froome (3) en Tom (2) stonden binnen een minuut van elkaar. 'Als Thomas erdoor zou zakken die dag, dan was dit mijn laatste kans om de Tour te winnen, dat wist ik. Ik was niet topfit, maar heb wel een paar keer een aanval geplaatst, ben een paar keer vol aangegaan op de Aubisque, maar Thomas kon het vrij eenvoudig pareren en het was Roglič die ervan kon profiteren, want toen ik zo'n beetje naar de klote was, probeerde hij het. Ik dacht gelijk: kut, die is supergoed vandaag en ik zat echt te janken in zijn wiel. Mijn laatste restjes energie, zo voelde het. Ik besefte: ik heb alles of niks gespeeld, maar als ik niet oplet val ik nog van het podium af. Op de top van Aubisque kon ik nog net bij hem terugkomen. Yes, gered, dacht ik, nu alleen nog maar naar beneden.'

Op de top van de Aubisque drukte een fotograaf af vanaf de motor: Thomas, Froome, Dumoulin, Roglič en Kruijswijk in één beeld gevangen. Het was die foto die bij Jumbo-Visma na het seizoen leidde tot het idee dat als ze ooit Sky wilden verslaan, ze een meerderheidssituatie moesten zien te creëren. Nu is het 2 tegen 2. Maar als we Tom Dumoulin weten te contracteren is het 3 tegen 2.

'Ik dacht op de top: met morgen alleen nog de tijdrit voor de boeg heb ik vandaag mijn plaats op het podium veiliggesteld. Maar toen ging Primož even afdalen. Ik heb echt mijn halve leven geriskeerd, want ik moest naar hem toe. Hij viel mijn tweede plaats aan. Ik kwam op zijn wiel, maar maakte een paar bochten later een heel klein foutje toen hij veel risico nam. Hij sloeg een gaatje van een meter of tien. De motor die voor hem reed vond dat natuurlijk een gaaf beeld en bleef vlak voor hem rijden en neemt hem zo in zijn kielzog mee, *boom*, en weg was Primož. Ik dacht nog: lang recht stuk, maak je klein, dan haal je hem wel bij, maar dat lukte niet en daarna kon ik trappen wat ik wilde, maar die kutmotor nam hem gewoon mee. Ik was woedend, op die motor, maar ook op mezelf, dat ik niet meteen na dat foutje vol ben aangegaan. Ik was een beetje laconiek en zag het podium uit mijn handen glippen, want Roglič en Froome konden natuurlijk ook een aardige tijdrit rijden. Ik was zo kwaad op mezelf: sta je de hele tijd tweede en dan pis je straks naast de pot in Parijs.'

Roglič stond nu derde, op 19 seconden van Tom. Froome

vierde op 32 seconden. Thomas leek veilig, met een voorsprong van ruim twee minuten op Tom. 'Dat verhaal van dat tijdritpak, dat heb ik toch nog niet verteld? Dat pak was dus kwijt.'

Omdat hij wat kleding betreft altijd het zekere voor het onzekere nam, had hij een grote vuilniszak meegenomen met allerlei reservespullen en zijn tijdritpak in de regenboogkleuren. Die zak hadden de verzorgers in het vooronder van de teambus gelegd of ergens in de wastruck, omdat hij niet elke avond al die spullen wilde meezeulen naar zijn kamer. 'Dus ik vroeg na de rit aan de verzorgers: "Kunnen jullie ervoor zorgen dat die zak morgen na het ontbijt klaarstaat?" Toen ik 's morgens bij het ontbijt kwam, zag ik die zak nergens. Dus ik vragen. "O ja, pakken we zo. Komt goed." Halfuur later: "We kunnen hem nergens vinden." Mijn wereld stortte in. Dit meende je niet! Mijn op maat gemaakte regenboogtijdritpak was zoek. Ik was echt woedend. "Stelletje amateurs! Nu is het drie uur voor de start en nu kun je het niet meer vinden. Godverdomme, echt serieus!" Ik merkte aan alles dat ze niet diezelfde verantwoordelijkheid voelden als ik. Zij waren al met hun hoofd in Parijs, terwijl ik woedend was en in de stress schoot. Iwan raakte ook in paniek, probeerde kalmte uit te stralen en zei op een bepaald moment: "Geen paniek, anders start je in een pak van je teamgenoot." Ja, lekker! Dat knelt of slobbert en godverdomme, ik wilde met die regenboogtrui rijden natuurlijk. Ze hadden geen idee hoe blij ik ervan werd om daarin te mogen rijden. Geen idee hadden ze. Ik zou daar bij wijze van spreken een halve minuut harder door gaan, zoveel moraal gaf dat mij. Ik wist: ik moet dit zelf gaan doen. Toen heb ik Patxi gebeld, van Etxeondo, de kledingfabrikant. Hij zou kijken wat hij kon doen.'

Er was alleen één probleem: het was eind zomer en iedereen in de fabriek in Baskenland was op vakantie. Gelukkig hadden ze nog wel van die lappen stof met het wereldkampioen-ontwerp liggen. Maar wie kon dat nou in elkaar naaien? 'Patxi vertelde later dat ze een gepensioneerde naaister uit de buurt hadden opgetrommeld en haar hadden gesmeekt naar de fabriek te komen. Dat is gelukt en Patxi kwam uiteindelijk zelf dat pak brengen. Een uur voor de start. Jongen, ik was *over the moon*! Helemaal gelukkig. Ik kon rijden in mijn tijdritpak met de regenboog erop.'

'Heb je er ook een betere tijdrit door gereden?'

'Dat weet ik niet, maar het was wel weer zo dat ik toen al dacht: laat het los, het is zoals het is. Je moet straks gewoon zo hard mogelijk van a naar b rijden en of je nu een pak van Laurens of Simon aanhebt, het zal me nu aan mijn reet roesten. Al het andere is dan onbelangrijk. Ik was goed opgefokt voor die tijdrit en won hem met een seconde voorsprong op Froome en stelde mijn tweede plaats veilig.'

'En jij denkt: ik ben nu dichtbij, binnenkort die Tour maar eens winnen?'

'Is helaas nooit gelukt.'

'En als je nou de Giro niet had gereden en alleen de Tour?'

'Zullen we nooit weten. Thomas was gewoon beter. En ergens gaf die tweede plaats in de Giro mij ook de rust om de Tour te rijden zoals ik heb gedaan. Ik dacht: lukt het niet in de Tour, dan staat die tweede plek in de Giro nog steeds. Ik moest dus niet in de Tour, ik mocht. Nu had ik zelf ook zoiets van: weet allemaal zo net nog niet of dit gaat lukken, we gaan het zien.'

4

De ontgoocheling

De volgende morgen heeft Tom het bij binnenkomst in de ontbijtzaal van het hotel in Bergen al snel gezien. Hij kijkt naar de rij met Koreaanse toeristen die voor het ontbijtbuffet staat. 'Laten we hier snel weggaan. Ik weet nog wel een tentje waar ze goede koffie hebben en volgens mij ook taart. Daar gingen we ook na de verkenning van de tijdrit heen, herinner ik me nu.'

Vijf minuten later zitten we in *Det Lille Kaffekompaniet*, een prima plek in een pittoresk achterafstraatje met kasseitjes en keurig verzorgde etalages en vensterbanken. Dit is de Noordse gezelligheid. Iedereen in het tentje zit knus tegen elkaar aan kleine tafeltjes. Er klinkt rustige muziek, af en toe onderbroken door het gesis van een stoommachine. Er is de geur van verse koffie, kaneel en de smaak van citroentaart in de morgen. Tom grijnst.

De Tour zat erop, hij had op het podium gestaan en was daarmee de eerste Nederlander sinds Erik Breukink in 1990, ruim drie maanden voor Toms geboorte. 'Toen ik terugreed naar Maastricht was ik het eerste stukje helemaal gelukkig, ziélsgelukkig zelfs. Ik was megatrots. En toen belde Iwan. Toen ik even later ophing was ik ontzettend kwaad. Ik had al van Ten Dam en Geschke gehoord dat hun contracten niet verlengd zouden worden, zat dus al met een kutgevoel in de auto en toen ik ophing was het er niet beter op geworden. Toen ik thuis was heb ik mijn manager gebeld en gezegd dat ik het op deze manier niet langer trok. Ik had het gevoel dat ik een speelbal was. Dat gevoel had ik al langer, maar nu zei ik tegen mezelf: hier stopt het, het is klaar. Echt, *what the fuck*? Ik dacht: ik win de Giro, win het WK tijdrijden, de ploeg wint de WK ploegentijdrit en ik word een jaar later tweede in de Tour, maar als we onze goede helpers verliezen, gaan we met deze ploeg nooit de Tour winnen. Dit was voor mij de druppel.'

'Wilde jij het hard spelen?'

'Ik wilde wel blijven fietsen, dus ik had weinig poten om op te staan. Ik had nog een contract tot 2021 en ik was niet bereid te zeggen: bekijk het maar, ik ga op het strand liggen. In het voorjaar ben ik nog een keer op Iwan afgestapt en heb gezegd: zoek een oplossing, want dit werkt niet meer. Ik kon niet meer. Ik wilde zo snel mogelijk weg. Ik hield het niet langer, werd doodongelukkig. Maar een oplossing leek er niet te zijn. Tenminste niet eentje waarvan ik dacht: dat gaat werken.' Even later zegt Tom: 'Weet je, die val in de Giro van 2019? Dat was echt mijn redding. Ik heb toen intens genoten van die zomer zonder koers.'

Hij was in die tijd al overtraind aan het raken zonder dat hij het doorhad. Na de Tour had hij nog wel wat rust genomen, maar de blik ging al snel op het WK op de weg in Innsbruck, omdat hij het zo'n mooie parcours vond. Vriend en oud-collega Karsten Kroon verklaarde hem voor gek. 'Waar in the fuck ben jij mee bezig,' had hij hem gezegd. 'Giro, Tour en nu alweer op hoogtestage naar Livigno?' Toch kwam hij met Laurens ten Dam ook naar Livigno om te fietsen. 'Karsten vond het maar belachelijk wat ik aan het doen was. Later heeft hij mij wel eens gezegd: "Het was ziekelijk, zoals jij toen bezig was." En hij had gelijk. Ik was maniakaal bezig. Karsten zei: "Je had je wereld zo klein gemaakt, je was een veelvraat." Hij zei ook dat ik het op deze manier nooit nog vijf jaar zou volhouden. Hij kreeg gelijk.'

'Maar waarom deed je het toch?'

'Je gaat ook zulke kansen als een WK niet laten liggen als je zo goed bent. Ik moest het ijzer smeden toen het heet was. Het was een eerlijke vierde plek op het WK. Ik kwam terug bij de kopgroep in de afdaling, met Michael Woods, Romain Bardet en Alejandro Valverde. Ik reed in een soort van tijdrit om ze bij te halen - ik kreeg ook te maken met kramp - en toen we op de finish af kwamen, wilde ik nog wegsprinten, maar dat doorzagen ze en toen we op de streep af kwamen moesten we sprinten. Toen ik aanzette schoot de kramp er gelijk in. Meer dan een vierde plaats zat er niet in.'

5

De knie

Na de winter werd het er niet beter op. Seizoen 2019 zou uitdraaien op een rampzalig jaar, waarin slechts één ontsnappingsroute mogelijk leek. De Giro was een speerpunt geweest, maar na de proloog wist hij al dat het lastig zou worden om ook maar in de buurt te komen van de prestaties van 2017 en 2018. Hij was in het vroege voorjaar in de UAE-tour als zesde geëindigd en als vierde in de Tirreno-Adriatico, maar toen hij in Bologna aan de proloog begon voelde hij zich niet top. Roglič maakte gehakt van de concurrentie. Hij zette Tom na 8 kilometer op 28 seconden achterstand. En toen ging hij in de vierde etappe hard onderuit. Een punt van zijn kettingblad prikte een gat in de pees van zijn knie, met een helse, rare pijn tot gevolg. Met een hevig bloedend been kwam hij over de streep. De volgende dag vertrok hij naar huis, al had hij de Tour nog niet uit zijn hoofd gezet. Hij hoopte dat rust de wond zou genezen en de belasting daarna weer opgevoerd kon worden. Maar toen hij na een paar dagen weer op de fiets stapte, werd zijn knie dik, als een ei. Meer dan 300 watt kon hij niet wegtrappen, beter werd het niet.

'Toch wilde Iwan dat ik in juni de Hammer Series zou gaan rijden. De ploeg kwam met het verhaal dat die perfect zouden passen in mijn training. Dat kun je toch niet menen, dacht ik? Er was in die jaren geen enkele toprenner die daar als voorbereiding voor de grootste ronde ter wereld naartoe ging. Bovendien kon ik dat nog helemaal niet met mijn knie. In de Hammer Series moet je veel kort en explosief aanzetten. Die inspanning kon ik nog echt niet aan. Ik wilde naar de Dauphiné, want als je goed wilt zijn in de Tour moet je naar de Dauphiné. Ergens dacht ik dat dat nog wel kon, dat zijn lange ritten en niet zo explosief zoals een Hammer Series dat is. Gelukkig brachten foto's van de dokter uitsluitsel. Uiteindelijk werd het een compromis: ik zou het startschot geven in de Hammer Series en daarna per vliegtuig naar Frankrijk vertrekken voor de Dauphiné, die mijn knie beter zou kunnen verteren. Ik was zo bezeten joh, ik wist dat ik het niveau helemaal niet had, maar ik moest en ik zou. Ik was totaal de weg kwijt. Toen ik thuiskwam stonden Merijn en Richard van Jumbo-Visma voor de deur. Na dat eerste gesprek ben ik naar Lyon gevlogen. Echt, het was fucked up, deze periode. Ik ging nog mee in een ontsnapping, nog tweede geworden achter Wout van Aert in de tijdrit – allemaal op adrenaline, cafeïne en paracetamol. Maar na de tijdrit zwol mijn knie zo op, dat ik het echt niet meer vertrouwde. De dokter zei ook: "Oké Tom, dit gaat echt niet meer." Volgende stop: ziekenhuis Enschede. Operatie. Halfuur poeren voordat ze het stukje plastic van een millimeter hadden gevonden. Knie gehecht en ingezwachteld. Nog drie weken tot de start van de Tour. Ik kon niet eens fietsbewegingen maken. Ik ging op goed geluk de auto in, naar dat trainingskamp, terwijl ik mijn knie niet eens kon buigen.'

'Waarom zei de dokter niet tegen jou: ben jij gek?'

'Ik was die dokter gewoon aan het omlullen. Ik wilde gas

geven. Ik had die droom om elke grote ronde minstens één keer te winnen en ik wilde dus ook die Tour winnen. Kon ik mijn knie voor altijd stukmaken? Ja of nee? Nou? Ja, of nee? Ik kreeg geen eenduidig antwoord en dus zat ik de volgende dag in de auto naar La Plagne, in mijn eentje. Alleen maar stress. Ik had een heel jaar lang nooit het idee dat ik een uur rust had. Alleen maar discussie, gezeik en ruzie. Ik werd onzeker, angstig en wantrouwend. Eigenlijk een heel klein, bang kind. Ik had ook het gevoel dat coaches en personeel nauwelijks meer iets durfden te zeggen, in mijn ogen leken ze marionetten geworden van de leiding.'

Onderweg belde hij zijn moeder. 'Draai toch om!' zei ze. Ze vond dat het niet klopte. Zo hoorde een goede relatie werkgever-werknemer toch niet te zijn? 'Het was strijd leveren,' zei ze aan de keukentafel in Maastricht.

'Ik reed toch nog een tijdje door,' zegt Tom. 'In een automaat dus ik kon alles met rechts doen. Ik was bezeten, door-door-door! Ik dacht helemaal niet meer na. Tussen Metz en Nancy stopte ik op een parkeerplaats. Ik was over mijn toeren, met tranen ook. Ik ben een halfuur later omgedraaid en reed naar huis. Hoe ongelukkig ben je nu wel niet, vroeg ik me af?'

Twee weken eerder, op 3 juni 2019, had Tom een *direct message* gekregen van Merijn Zeeman, de hoofdcoach van Jumbo-Visma. Of hij hem eens mocht bellen die dag?

Toms manager had al verkennende gesprekken gevoerd met Sky en CCC, maar erg vlot verliepen die onderhandeling niet, omdat Sky ook niet precies wist of ze het contract van Tom moesten afkopen of niet. 'Ze waren daardoor wat huiverig. En dat gold ook voor mij. Er waren daar zoveel goede renners, maar heel concreet is het nooit geworden. Sky koos uiteindelijk voor de contractvrije Carapaz, die net de Giro had gewonnen.'

Ondertussen maakte CCC geen geheim van de interesse, maar na het gesprek met teambaas Jim Ochowicz haakte Tom af. De ploeg kon hem afkopen en bood een goed salaris, maar dit was een beginnende ploeg en hij wilde naar een ploeg waar het goed was georganiseerd en die ook goede renners voor in de breedte kon aantrekken. 'En ik wilde per se de Tour winnen na mijn tweede plaats van het jaar ervoor. Maar na dat gesprek wist ik: dat gaat op deze manier bij CCC niet lukken. Niet veel later kwam dat bericht van Merijn.'

Vlak voor hij naar de Dauphiné vloog lieten Zeeman en Richard Plugge van Jumbo-Visma bij hem thuis een presentatie zien. Daarbij gebruikten ze die foto uit de Tour van 2018, waarop Roglič, Kruijswijk, Tom, Froome en Thomas stonden afgebeeld. 'Zij creëerden Sky als gemeenschappelijke vijand en ik was voor hen de ontbrekende schakel, het laatste stukje voordat de aanval geopend kon worden. Ze waren helemaal enthousiast. En ik ook. Ik zou voor drie jaar bij Jumbo-Visma gaan rijden.'

Aan het einde van de middag belanden we in Pingvinen, een zogenaamde gastropub, waar we een biertje drinken. Het decor met gelakte schrootjes doet denken aan de woonkamer van opa en oma, maar dan met een bar erin en een keuken waaruit stoofschotels (*pinnekjøtt* of *persetorsk*), vispasteitjes (*fiskekake*) en gehaktballetjes (*kjøttkaker*) tevoorschijn komen.

Nadat Tom in Frankrijk was omgekeerd en terug naar

huis reed met die onbuigzame knie, hoopte hij dat een dag of tien rust, zonder fiets, hem goed zou doen. 'Misschien zou ik de Vuelta nog halen, maar toen ik weer begon, werd die knie weer dik. In plaats van het aan te pakken ging ik op hoogtestage. Ik was op zoek naar succes, maar nu ik je dit allemaal zit te vertellen hier... Waar sloeg dat eigenlijk op, joh? Het was allemaal kut, het zat allemaal tegen en toch moest ik van mezelf naar die Vuelta. In Livigno kreeg ik weer last, kon zelfs niet normaal lopen, het was een soort hinken. Mijn vader en moeder waren daar ook – ze hadden een paar dagen vakantie geboekt. Die hadden natuurlijk wel door dat het niet zo goed ging met mij.'

'En toen sprak je moeder natuurlijk de legendarische woorden: "Jongen, schei er nou eens mee uit?"'

'Inderdaad. Woorden van die strekking. En het ging ook niet meer, hè? Ik ben bij terugkomst weer naar het ziekenhuis gegaan, maar nu in Maastricht. Daar maakten ze een hele scherpe, gedetailleerde MRI-scan en wat bleek? Die hele pees was gewoon kapot. Helemaal ingescheurd en verkleefd, doordat ik ermee was gaan fietsen. Conclusie: nog een keer opereren. Ik heb toen contact gehad met de vader van Mathieu Heijboer, die jarenlang als chirurg had gewerkt in Rotterdam. Daar hebben ze die pees schoongemaakt. Toen ze klaar waren, was de mededeling: "*Forget it*, Tom, pas volgend jaar kun jij weer fietsen. Vergeet dit seizoen maar." Dat waren de mooiste woorden die in anderhalf jaar tegen mij waren gezegd. Eindelijk had ik rust. Rust en een nieuwe ploeg per 1 januari 2020. Ik kon deze hele kutperiode nu achter me laten. De zon zou weer gaan schijnen.'

6

Transfer

De volgende morgen verloopt de ticketafhandeling bij de tramlijn voor de terugrit naar het vliegveld van Bergen een stuk soepeler dan eerder die week. Een halfuurtje later is onze bagage in een vloek en een zucht ingecheckt en zitten we aan een tafeltje koffie te drinken. De vliegveld-omroepstem vergezelt ons gesprek met de laatste gate-wijzigingen en andere reisoproepen.

'Als ik er geen zin meer in heb,' zegt Tom, 'stoppen we, oké? Ik ga niet tegen mijn zin zitten praten over Jumbo-Visma. Die transfer voelde allemaal heel gewichtig. Voor mijn eigen levensgeluk had ik misschien beter naar een kleinere ploeg moeten gaan. Maar ja. Dat is niet gebeurd. Op dat moment was Jumbo-Visma de beste keus. Ik heb daar ook echt geen spijt van. Kleinere ploegen hadden het budget niet om mijn salaris en die afkoopsom te kunnen betalen en ik was op dat moment één van de meest begeerde renners van het peloton. Ik wilde niet ergens voor de helft van mijn marktwaarde gaan rijden. Ik had drie keer op het podium van een grote ronde gestaan, maar zonder dat mijn ploeg die ronde volledig onder controle had gehad. We reden voor wat we waard waren, maar het was allemaal meer geluk dan wijsheid geweest dat we op dat podium stonden, en nu wilde ik die Tour gaan winnen. Ik wilde naar een ploeg waar het goed was geregeld, waar ik niet zelf hoefde te puzzelen over voeding. Ik wilde naar een ploeg waar het materiaal in orde was, naar een ploeg die de koers in de Tour kon platleggen. Die ploeg was Jumbo-Visma. Dit leek perfect. Zij wilden mij echt enorm graag hebben en boden een heel fors bedrag om het contract af te kopen. Bij Jumbo-Visma waren ze enorm gemotiveerd om de Tour te winnen. Alles kon als ze maar de beste Nederlandse ronderenner in hun gelederen hadden. En ik was die man die voor hen de Tour zou kunnen winnen. Het was fantastisch, kon niet beter. Eindelijk een lichtpuntje in die donkere kutperiode.'

'Een afkoopsom...'

'Daar hebben we het nooit over gehad, maar dat beet me wel even in mijn reet toen het later niet zo goed ging als iedereen had verwacht.'

Zijn vader had zijn twijfels gehad bij de transfer. Hij merkte dat zijn zoon blij was van Sunweb af te zijn en dit was een mooie kans, maar ook een hele ambitieuze stap. Hij was bang dat Tom van de regen in drup zou komen en voorzag een moeilijke situatie. Zijn zoon had in zijn ogen vooral behoefte aan rust, even in de luwte zijn, zonder de hoge druk van het presteren. Hij moest eerst eens zichzelf terugvinden, even wat vrijheid hebben. Nu tekende hij bij een ploeg waar de druk misschien nog wel hoger was.

'Had het me maar gezegd,' zei Tom aan de keukentafel thuis in Maastricht. Vervolgens, na een seconde van stilte: 'Al had ik toen toch niet geluisterd.'

'Nee,' antwoordde zijn vader. 'Daar had je toen niet naar geluisterd.'

Bij Jumbo-Visma waren de verwachtingen hoog. 'Die druk voelde ik wel. En ik wilde het gewoon goed doen. Maar ik was met veel bombarie aangekondigd en niet iedereen in de ploeg vond dat even leuk. Er waren renners die wel even moeite hadden. Primož Roglič, die maakte het echt geen fuck uit dat ik kwam. Die dacht: ik ben toch de beste. Maar Steven Kruijswijk bijvoorbeeld, die had daar moeite mee. Vergeet niet dat Steven in 2019 als derde was gefinisht in de Tour. Ik heb daarover ook wel gesprekken gevoerd met hem. Ik kreeg daardoor het gevoel dat ik me moest verantwoorden voor mijn komst, dat ik mezelf moest bewijzen. Het gevolg was dat ik heel graag wilde laten zien dat ik een leuke jongen was, die openstond voor die nieuwe manier van werken. Dus je begint en gaat niet meteen zeggen: daar heb ik dus geen zin in, ik doe het liever op mijn manier, maar op een gegeven moment raak je je autonomie kwijt. Toen was het lastig opeens te zeggen: maar ik functioneer toch beter op mijn manier. Ik kon niet meer terug. Het zit naar mijn idee niet in het DNA van Jumbo-Visma om meteen heel erg mee te bewegen met de individuele behoeftes van de renners. En toen het in 2021 wel kon was het voor mij eigenlijk al te laat.'

In december 2019 ging hij voor het eerst met zijn nieuwe ploeg op trainingskamp. Aan de kust bij Girona verzamelden alle renners van de World Tour-ploeg zich, met bijbehorende verzorgers, mecaniciens en coaches. Er werden testen afgewerkt en kilometers gemaakt. Er was één doel: winst in de Tour. En of dat nu met Roglič, Kruijswijk of Dumoulin als winnaar was, dat maakte niets uit, verklaarde de ploeg naar buiten toe.

'Ik weet eigenlijk niet goed wat daar is gebeurd in Spanje,' zegt hij zacht. 'Eén ding weet ik wel: ik was oververmoeid. Door die knieblessure had ik nog nauwelijks getraind. Ik ben op zulke momenten best goed, omdat ik rust had gehad en de druk er voor mezelf vanaf kon halen, want ik wist dat ik een behoorlijke trainingsachterstand had. Dus ik voelde geen druk daar. Ik wilde wel het mannetje zijn en aan iedereen laten zien dat ik goed was, maar ik had altijd een excuus achter de hand als het iets minder zou zijn: mijn knie. Maar ik maakte het wel groot voor mezelf. Ik wilde die eerste lactaattest ook echt goed doen. Maar ik had in de zes weken daarvoor misschien een paar fluttraininkjes gedaan van maximaal drie uur en nog een keer of twee vier uur achter elkaar. Meer was het echt niet. Dus ik kwam met mijn rustige, voortkabbelende manier van trainen aan in Spanje. En toen reed ik die supergoede conditietest waarvan iedereen vervolgens dacht: als hier nog een beetje basis bij komt, dan kan hij de Tour voor ons winnen. Iedereen was enthousiast, en ik ook. Eén en één was twee, *let's go!* We gingen vervolgens lange ritten doen om mijn uithoudingsvermogen uit te breiden en toen ging het mis. Als ik in de zomer van 2020 de benen van december 2019 had gehad, had ik op het podium gestaan in Parijs. De dag na die conditietest ging ik totaal naar de klote. Ik heb nog twee trainingen gedaan terwijl ik me beroerd voelde omdat mijn darmen weer helemaal ruk waren. Wat dat veroorzaakte weet ik niet. Ik ben er inmiddels wel achter dat ik niet goed tegen te veel melkeiwit kan en wij aten bij Jumbo echt twee van die emmers kwark per dag. Ik werd heel winderig en ben toen ook nog ziek geworden, op weg naar de ploegpresentatie die direct op dat eerste trainingskamp volgde. Dat kamp eindigde ik op mijn knieën, diarree, overgeven. Ik weet nog dat Robert

Gesink de volgende dag in mijn auto reed, van Eindhoven naar Amsterdam, waar de volgende dag die bijeenkomst was en ik op de achterbank in een foetushouding lag. Ik had niet de ballen om die ploegpresentatie af te zeggen. De druk was zo enorm. Ik was de grote man tenslotte. Dus ik stond daar, zwaar ziek op dat podium. De rest van de week ben ik heel beroerd geweest.'

Op het tweede trainingskamp van de voorbereiding, in januari 2020 in Alicante, ging het vervolgens ook niet goed. Hij stapte een paar keer van zijn fiets, overvallen door duizeligheid en verliet het trainingskamp een paar dagen later. 'Ik was weer eens te vroeg begonnen met fietsen, sukkelde door, duwde door en in Alicante ging het helemaal mis. Ik was geen schim meer van de renner die in Girona nog op dat ene moment zo goed was geweest. Ik ben naar huis gegaan, ik was mezelf alleen maar aan het kapotmaken. Je kunt je afvragen of die lichamelijke klachten niet een mentale oorzaak hadden. Of andersom. Kip-of-eiverhaal. We zullen het nooit weten. Van druk word je in de regel niet per se ziek. Maar natuurlijk hebben al die stresshormonen effect op je weerstand. Het zal ook allemaal niet helpen als je darmen ongezond en volledig van slag zijn.'

Hij moest de eerst geplande koers afzeggen en toen hij op hoogtestage was in Tenerife ging het nog best aardig, maar nadat de corona-uitbraak ook Europa had bereikt en hij halsoverkop met de laatste vlucht daar weg kon, stortte hij in elkaar. Alle wedstrijden werden geschrapt, de samenlevingen gingen in lockdown. Het was het begin van een zware periode.

'Ik heb twee maanden bijna niet kunnen fietsen en in mijn ontlasting zat veel bloed. Er zaten geregeld stollingen in. Ik liet het onderzoeken met als resultaat ontzettend hoge ontstekingswaardes. Twee maanden lang had ik lichte verhoging, constant tussen de 37,5 en 38,5. Elke dag stond ik op als een zieke man en op een gegeven moment kon ik mijn bed ook niet meer uitkomen, werd depressief. Mentaal en fysiek lag ik in de kreukels. En die dokter schreef het toe aan stress. Stress? Ik poepte bloed! Alleen maar slijm en bloed! Er kwam geen ontlasting meer uit, alleen maar ellende. Vind jij dat normaal? Ik niet.'

'Er ging in die tijd ook een verhaal dat je van het gebruik van ketonen last van je darmen kon krijgen. Heb jij ketonen gebruikt?'

'Ja, maar ik had niet het idee dat mijn darmproblemen daar vandaan kwamen. In de periode dat ik zo ziek was en zoveel last had van m'n darmen nam ik geen ketonen. Ik zag er verder ook niks slechts in. Ik heb wel wat onderzoeken gelezen, uit interesse. Ik had het in 2019 al gezien, renners met van die flesjes in de koers. Bij Sunweb waren ze er heel erg op tegen. Maar ik begreep niet waarom. Iwan vond het een grijs gebied. Het neigde voor hem naar doping, maar ik las die onderzoeken en dacht: je hebt koolhydraten, eiwitten en vetten als hoofdbestanddelen voor verbranding. Dan is er nog alcohol en je hebt ketonen, een stof die je zelf gaat aanmaken als je te weinig eet en deze moleculaire verbinding hebben ze in een flesje gedaan. Meer is het niet. Mooie uitvinding toch? Wat is daar mis mee? Iedereen in het peloton begon het te gebruiken, behalve wij. Ik realiseerde me wat er in de Giro van 2018 was gebeurd met Froome die mij voorbijflitste en in 2019 dacht ik: je kunt het klassement niet meer winnen zonder. Ik dacht: ja kut, met ketonen had ik in 2018 misschien wél gewonnen. Ook dit speelde mee in mijn overweging om naar Jumbo-Visma te gaan. Wij hadden bij Sunweb afgesproken dat we het op onze manier zouden doen en zouden accepteren dat we verslagen konden worden door renners die er andere morele grenzen op nahielden. Sommige renners namen cortisonen en prednison, vanwege allergieën. Maar het spijt me, dat is over de grens. Het voelt voor mij als een vorm van valsspelen. Prednison is gewoon een zware ontstekingsremmer, een paardenmiddel. Ik ben megatrots op wat ik op mijn manier heb bereikt. De rest van mijn leven ga ik fijn slapen. En die anderen hadden blijkbaar een andere visie en hebben er blijkbaar een modus voor gevonden zodat ze daarmee prima kunnen leven, dat ze denken: zo ging het toen nu eenmaal. Ik zou daar last van hebben en wilde daarom niet op die manier winnen. Ik heb mijn afwegingen gemaakt en als een ander andere keuzes maakt, moeten ze dat zelf weten. Ik ben trots op mijn tweede plek in die Giro en Tour van 2018. Het is ook heel lastig om in onderzoek te definiëren en significant te maken of ketonen helpen. Wij gebruikten het bij Jumbo-Visma alleen na de koers, als herstel. Maar hoe meet je of je de volgende dag een half procent beter bent hersteld?'

'Ik hoorde van de ploeg ook dat je er beter van zou slapen?'

'Dat is toch ook subjectief? Hoe weet je nou of je beter hebt geslapen?'

'Dat is volgens mij een gevoel.'

'Ja, gevoel. Als ik nu ga fietsen voel ik mij veel beter dan toen ik prof was, maar toen reed ik wel veel harder. Ik voel me nu meer in staat om zulk werk te verzetten, maar als ik op de fiets stap merk ik heel snel dat ik toen veel harder reed. Tot zover gevoel en hoe je daar een vinger op kunt leggen.

Wat ik wel heb gezien is dat het wielrennen heel snel evolueert door de toegenomen wetenschappelijke benadering en daardoor is de koers harder geworden, zijn de snelheden hoger en op de een of andere manier herstellen atleten ook beter van hun inspanningen. We zitten nu op snelheden die in het dopingtijdperk werden gereden en soms nog hoger.'

In de eerste maanden na het opschorten van het seizoen vanwege corona lag Tom alleen maar op bed. De wereld stond stil en hij voelde zich verschrikkelijk. Zijn ouders waren ongerust, zagen hem lijden en vroegen zich af waarom hij door wilde zetten. Waarom stopte hij niet gewoon? Hij was zo ongelukkig. Zijn vader somde het op: lichamelijke problemen, stress, druk van de ploeg. Toch hield hij zijn mond omdat hij vreesde zijn zoon nog verder in de put te praten.

Tom zucht eens diep, gaat voorovergebogen zitten en zakt daarna weer terug in de comfortabele stoel van het vliegveldrestaurant. 'Echt man, wat een verschrikkelijke tijd. Ik word nog ellendig als ik er nu aan terugdenk. Ik had geen flikker kunnen doen en moest vanuit deze toestand doen alsof ik de Tour heel belangrijk vond, weet je wel. Maar dat vond ik helemaal niet. Ik wilde me vooral weer een fitte jongen van dertig voelen, maar ik voelde me een oud, ziek mannetje. Mijn hele lijf was totaal om zeep, ik had mezelf totaal de vernieling in getraind, gefietst en gegeten. Niemand kon me helpen. Echt, ik voelde me zó slecht. Maar op een gegeven moment kwamen die koersen er weer aan – de eerste in augustus. In juni dacht ik: dan ga ik maar weer gewoon beginnen. Van thuiszitten word ik ook niet gelukkig en wie weet word ik van fietsen toch iets gelukkiger. Ik voelde me eind mei al ietsjes opknappen, had alleen nog maar diarree en geen bloed meer in mijn ontlasting. Dat greep ik aan. Het voelde alsof ik geen andere keus had. Gewoon maar hopen dat ik het weer leuk vond. Elke dag was een verrassing. Had ik een nacht goed geslapen dan ging het wel weer, maar na die trainingen die me zo uitfreakten, was ik niet meer tot ratio in staat, zo uitgewrongen voelde ik me. En dat heeft het hele seizoen geduurd. Het is zoals Luka in Trepalle zei: de meeste ronderenners bevinden zich in een permanente staat van vermoeidheid, *overreached* als het ware. Je ziet het ook bij oudere renners, bij wie de frisse blik uit de ogen is.'

In juli was de ploeg op trainingskamp in Tignes, waar verder geen buitenstaanders bij aanwezig mochten zijn, want ten koste van alles moesten coronabesmettingen natuurlijk voorkomen worden. We zaten te praten aan de oever van het meer en hij voelde zich totaal niet op zijn plaats, neerslachtig en lichamelijk nog steeds geknakt, terwijl zijn teamgenoten Wout van Aert, Robert Gesink, Steven Kruijswijk, Primož Roglič en Sepp Kuss opleefden. 'Die dachten allemaal: huppetee, lekker trainen! En ik zat in mijn eigen ellende. Ik vond die Tour helemaal niet belangrijk. Ik wilde weer die vrolijke jongen zijn die ik normaal gesproken ben. Ik zat er zo anders dan de rest van mijn ploeggenoten. Niemand van hen heb ik het zo ooit omschreven als ik het jou nu vertel. Ik was een zombie en ik zombiede mezelf door de dag. Ik moest wel van mezelf, ik vond dat ik ook geen keus had. Ik werd vorstelijk betaald en in augustus begonnen de koersen weer en dus moest ik heel snel weer wat gaan doen. Ik had geen keus, zo voelde het.'

In de ploeg begon het gemor langzaam toe te nemen.

Tom bleef chagrijnig en lichamelijk zwak. Ondertussen begon hij te prutsen aan de afstelling van zijn fiets. 'Ja, dat is wat je doet. Je zoekt naar houvast, naar controle. Want je merkt dat alles je uit handen glipt. Wat kan je nog wel controleren? Je fiets. Het wordt obsessief. Ik keek elke ochtend op tegen de dag die eraan zat te komen. Ik zat elke dag met pijn op mijn fiets. Natuurlijk is fysiek en mentaal met elkaar verweven, maar ik had letterlijk pijn als ik op de fiets zat. Het was gewoon onprettig om 's ochtends op te stappen. Ik zag ertegen op. Je worstelt met je houding en je bent aan het aftellen hoelang de training nog duurt. Maar ik mocht niet opgeven, ik wilde niet stoppen en ik dacht ook: als ik morgen mijn zadel 2 millimeter omlaag doe, verdwijnt het misschien. Ik zat gewoon niet vrij op mijn fiets, verkrampt.'

Wonderbaarlijk genoeg reed hij die eerste koersen goed: hij werd 8e in het eindklassement van de Tour de l'Ain en 7e in de Dauphiné, als beste renner van Jumbo-Visma, waar Kruijswijk en Roglič geblesseerd uitvielen. 'Ik voelde me niet goed, maar het ging wel steeds beter en de ploeg dacht: als die gast dit al weer kan na pas twee maanden trainen en die gaat nog wat groeien naar de Tour toe, dan kan die flapdrol met dat talent van hem zomaar weer... maar ik wist wel beter. Ik was een zombie en voelde me slecht.'

Hij citeert zijn vriend Karsten Kroon, oud-renner die in 2014 stopte. Renners, zei Kroon, zijn permanent moe en als ze niet moe zijn, dan staan ze aan de start van een wedstrijd en daarna zijn ze weer moe. Trainingen zijn zo ingericht dat de tijd tot de volgende training precies genoeg zou moeten zijn om lichamelijk te herstellen – je bent dus moe. Omdat je altijd ergens wel een keer te weinig herstelt, bouw je rustdagen in. Ook dan ben je moe. 'Je hebt dus nooit een energiek gevoel in je lichaam. Er is een herstelprogramma gaande in je lijf, dat gaat allerlei ontstekingsstoffen opruimen na de training. Je gaat maar door, zit in die *rat race* naar de top. Je hebt doelen, het gaat goed, je wint koersen, je wil meer, neemt minder herstelmomenten, je sluit deals, huppetee, werken en toch gaat het nog goed. Je hebt het niet door, dat leidt allemaal af, maar ergens begint het zich te wreken. Bij mij in 2019. Ik kreeg eerst kleine klachten en op een bepaald moment blokkeer je gewoon, omdat je voor je volgende training niet optimaal hersteld bent. Je begint telkens een uur te vroeg met trainen, bij wijze van. Ik raakte steeds dieper in het moeras. Ik ging met een psycholoog praten, ging bij mezelf te rade.'

Hij miste het vertrouwen van de ploeg. Het was niet eens uit kwade wil, maar omdat hij zo'n belangrijk onderdeel was en omdat ze hem zoveel geld betaalden, gingen ze toch iets meer dan hem lief was controleren of het allemaal wel goed ging. 'Ik begreep dat wel, maar bij mij werkt dat dus averechts. En bij Jumbo-Visma zaten heel veel mensen die veel meer rigide waren dan ik. Er zaten daar ook personen die gefrustreerd raakten door mijn gedrag. Maar ik deed dat niet om ze dwars te zitten. Zij dachten dat ik niet wilde luisteren en ik kreeg het ze niet uitgelegd dat ik heel dankbaar was en blij was met al het werk dat erin gestoken werd. Ik dacht echt: dat hebben we samen gedaan. Maar zo'n rigide manier van werken past niet bij mijn persoonlijkheid. Voor heel veel renners van Jumbo-Visma wel. En je kunt niet ontkennen dat ze supergoede mensen in dienst hebben, renners, coaches, diëtisten, alles. Het is echt fantastisch wat ze daar hebben neergezet en er werken ook heel leuke mensen met wie ik het steeds goed kan vinden, alleen paste ik niet bij Jumbo-Visma.'

'Wanneer kreeg je dat gevoel voor het eerst?'

'Al in 2020, maar toen zat ik al zo diep in de shit met mezelf dat ik niet heel helder meer kon kijken. Pas in de winter van 2020-2021 kwam die helderheid terug.'

7

De laatste Tour

De verwachtingen waren hooggespannen toen Jumbo-Visma eind augustus 2020 in Nice voor de uitgestelde Tour van start ging. De ploeg voorzag dat Tom hoge ogen kon gaan gooien. Helaas voor hem kreeg hij door al het gedraai en geschuif op zijn fiets en het gesleutel aan de verhoudingen last van een derde bal. 'Hoe groot? Als een pingpongballetje. Als ik dat aanraakte verging ik van de pijn. Gelukkig hielp een ander zadel wel. De ontsteking nam tijdens de Tour af. Maar dat ik nog voor een klassement heb kunnen rijden... Ik voelde me totaal ruk, was mezelf niet. Niet vrolijk, niet krachtig op de fiets. En als we begonnen met fietsen voelde ik mezelf beroerder en beroerder, ziek en doodongelukkig. Het gevoel van 2017-2018 was weg. Ik praat ook niet graag over deze Tour of deze periode. Het is de meest ellendige periode uit mijn leven geweest. Die Tour van 2020 vond ik vreselijk. Toch zevende geworden, maar dat zegt mij niks.'

'Gaat dat gevoel over die prestatie ooit nog veranderen, denk je?'

'Nee. Het is een persoon die ik nooit meer hoop te zijn. Die zevende plaats heb ik alleen maar bereikt om mezelf te bewijzen aan de ploeg, aan de sponsors, aan de buitenwereld. Dat ik al dat geld waard was, dat ik nog steeds een goede renner was. Ik deed het allemaal voor anderen. Dat maakt die zevende plek eigenlijk nog pijnlijker. Ik kwelde mezelf niet voor mezelf, maar om anderen te *pleasen*. Ik had alleen niet de kracht om te zeggen: het gaat niet goed met mij, ik moet eerst aan mezelf werken. Want voor wie doe ik dit? Deze Tour deed ik niet voor mezelf. En ik weet één ding: zoiets doe ik echt nooit, nooit meer. Ik kwam op mijn knieën aan in Parijs. Ik heb geen spijt, maar kijk wel met pijn en verdriet terug op deze periode.'

Vijf dagen na de Tour volgde het WK tijdrijden (10e), daarna de wegrace (14e), de Waalse Pijl (DNF) en Luik-Bastenaken-Luik (12e). Toen hij daarna in de Vuelta begon reageerde zijn lijf niet meer, zijn hartslag kwam niet meer omhoog. 'Ik liep met mijn ziel onder mijn arm, sprak mezelf toe, wist dat ik mezelf te gronde aan het richten was en besefte dat het roer om moest, want ik ging eraan kapot. Dus toen Merijn Zeeman vroeg hoe het ging, zei ik: "Kut." Hij zei eerst: "Als het niet meer gaat, dan moet je naar huis." Ik beloofde nog één keer alles te geven, want ik wist hoe belangrijk die Vuelta voor Primož was, die net die Tour zo dramatisch had verloren van Tadej Pogačar. En ze hebben mij doorbetaald in corona en al die dingen. Zegt-ie twee dagen later tegen een journalist van het *AD*: "Tom gaat niet naar huis, die blijft hier." Ik sprak hem aan op onze afspraak.'

'Wat gebeurde er?'

'Daar kan ik niks over zeggen. Sorry.'

'Waarom niet?'

'Sorry, dat kan gewoon niet.'

Ik kijk Tom vragend aan. Hij kijkt terug. Zijn blik zegt genoeg.

Ik herinner Tom even later aan eerdere opmerkingen van zijn ouders. Over een onveilige werkomgeving, dat ze veel van hun zorgen hadden weggeslikt, dat zijn vader wel eens het gevoel had gehad dat Zeeman en Plugge de situatie waarschijnlijk heel anders zagen, omdat ze veel extremere situaties gewend waren. Het zou hem niet bevreemden als zij juist het idee hadden gehad Tom heel veel ruimte te hebben gegeven, het gevoel hadden heel goed voor hem te hebben gezorgd.

'Merijn heeft zeker het idee dat hij goed voor mij heeft gezorgd,' zegt Tom.

We zitten naast elkaar in de lichtblauwe stoelen van het vliegtuig en worden naar de startbaan getaxiet. Even later hangen we in de lucht en werpen nog een laatste blik op de Noorse fjorden voordat we door de wolken schieten.

Het was in de winter van 2020-2021 dat het besef tot hem doordrong dat het écht niet goed met hem ging. Na de vreselijke Tour, het WK, de twee klassiekers en ook nog eens de Vuelta ging het licht uit toen ze bij Jumbo-Visma na een maand rust de draad weer gewoon dachten op te kunnen pakken. 'Maar mijn lichaam was helemaal naar de tyfus. Ik kreeg op de fiets mijn hartslag niet meer boven de 140 slagen per minuut.'

Begin december 2020 was Jumbo-Visma in de windtunnel van de TU Eindhoven de nieuwe fiets en de tijdrithoudingen van Tom en Steven Kruijswijk aan het afstellen. Tom had het er naar zijn zin, had het gevoel dat hij op deze locatie 'mindfull' bezig kon zijn. Al had hij zijn bedenkingen bij de uitkomsten van al die berekeningen. Als het niet comfortabel voelde, twijfelde hij er sterk aan of je wel winstmarges kon pakken. Hij grinnikte toen hij over zijn eigen gevoel begon, daar konden die wetenschappers natuurlijk niks mee. Maar hij wel, en daar ging het hem om.

Onderweg terug naar Maastricht vertelde hij dat hij overspannen was, moeilijk voor zijn omgeving, bezig met het voldoen aan verwachtingen en niet met het plezier in het fietsen. Hij had zich eenzaam gevoeld dat eerste jaar, een psychologe bezocht die helemaal niets met wielrennen had. Die was hem uitermate goed bevallen. Hij had die laatste twee jaar een beetje een hekel gekregen aan de renner die hij was en hij wilde geen hekel hebben aan de mens Tom Dumoulin.

Ze hielden hem voor wat hij na die rustperiode na de Vuelta in de trainingen moest doen, maar hij was niet in staat aan te geven dat het niet meer kon. Lichaam en geest waren niet meer in staat zware VO_2-max-trainingen uit te voeren, volgens de ploeg een voorwaarde om drie maanden later goed te kunnen presteren. Tom boog het hoofd, realiseerde zich dat zijn woorden niet meer aankwamen en dacht: ik doe maar gewoon wat ze zeggen, wie weet gaat het toch nog goed komen.

'Maar in januari bevond ik mij in een burn-out-achtige staat. Ik kwam niet vooruit en mijn bloedwaardes waren ontzettend slecht. Ik wilde stoppen met wielrennen. We waren op trainingskamp in Alicante en Roy Curvers, mijn oude wegkapitein bij Sunweb, was de eerste die ik belde. Roy was een beetje mijn mentor geweest en ik vroeg hem naar Marcel Kittel. Veel contact met Marcel had ik de laatste jaren niet gehad en ik vroeg Roy wat hij wist, of mijn idee klopte dat Marcel een beetje hetzelfde had meegemaakt als ik nu doormaakte. Toen hij dat bevestigde heb ik Marcel direct gebeld. In Alicante. Ik twijfelde en ik denk dat ik iemand zocht die dezelfde weg als ik was gegaan. Ik had Marcel zien worstelen bij Katusha en ik ken hem als een fijne, innemende persoonlijkheid, die onder al die druk die fijne innemende jongen niet meer kon zijn, omdat hij te veel met zichzelf bezig moest zijn. Daar herkende ik mijzelf heel erg in. Ook ik was mezelf kwijtgeraakt. En in Alicante kon ik niemand anders bedenken met wie ik hierover kon praten. Ik vroeg hoe het met hem ging, hoe de laatste jaren waren geweest en waarmee hij had geworsteld. Toen vertelde ik hem hoe het met mij ging. Dat ik het wielrennen niet meer zag zitten, het wielerwereldje beu was, dat ik wist dat ik moest stoppen, maar dat ik die stap niet durfde te zetten, terwijl ik tegelijkertijd wist dat het alleen iets zou opleveren als ik een rigoureus besluit zou nemen, want anders zou de ploeg na een paar weken alweer aan de lijn hangen. Ik vroeg aan Marcel hoe het was om gestopt te zijn, hoe het was om er van de een op de andere dag uit te stappen. Ik kende niemand anders die dat had gedaan.'

'Weet je zijn antwoord nog?'

'Eerlijk gezegd herinner ik me dat niet meer. Wat ik nog wel heel goed weet is dat hij mij voorhield dat het wel goed zou komen als ik eenmaal dat besluit zou hebben genomen. Hij bevestigde mij dat het wel goed zou komen. Hij was nu hartstikke gelukkig en vertelde dat het best leuk was *on the other side*.'

Het werd uiteindelijk een tussenoplossing: Tom verliet het trainingskamp en nam voor onbepaalde tijd een pauze. Als hij nu terugkijkt op die periode vraagt hij zich af hoeveel jongens na een sabbatical van een jaar nog zouden willen terugkeren naar het peloton. Dat eerste frisse gevoel dat je na een paar maanden ervaart, is heerlijk. De uitkomst van de sabbatical is duidelijk: nooit meer op deze manier verder, dit paste hem niet. 'Ik had alleen niet de ballen om te zeggen: zo gaan we het doen of anders stop ik met wielrennen. Of jullie laten me naar een andere ploeg gaan, maar op deze manier word ik doodongelukkig en ben ik geen schim meer van mezelf. Ik zat zo slecht in mijn vel, echt niet normaal. Ik wist niet meer wie ik was en hoe ik in het leven wilde staan.'

Hij raakte zijn fiets niet meer aan, ging wandelen met de hond en praten met mensen met wie hij vroeger prettig had gewerkt: Karsten Kroon, pr-man Bennie Ceulen van Sunweb en trainer Louis Delahaije, die een verleden heeft bij Jumbo-Visma. 'En dan niet praten over training of een comeback, maar gewoon met gezellige, leuke mensen tijd doorbrengen, mensen met wie ik over het leven kon filosoferen, zonder dat ik op zoek was naar een antwoord op een vraag. Maar uiteindelijk ging het om: wie ben ik? Hoe wil ik werken? Wat past mij? Dat bleken de belangrijkste vragen te zijn.'

'Is er een moment aan te wijzen waarop je wist: dit ben ik?'

'Dat weet je nooit.'

'Een moment dat je er een beter idee van had wie je bent?'

'Dat wel. Wat ik wel wil en wat ik niet wil. Ik kon steeds beter aangeven: zo ben ik en dit vind ik prettig en dit past mij. Als ik eind 2019 in staat was geweest dat aan te geven was het voor hen makkelijker geweest om met mij te werken, of hadden we tot de conclusie kunnen komen dat deze ploeg niet bij mij paste. Dat is een verantwoordelijkheid die ik ook bij mezelf neerleg. Ik geef ze nergens de schuld van, alleen kon ik het toen niet zo verwoorden zoals ik het nu aan jou uitleg. Achteraf kun je zeggen dat zij niet wisten wie ze in huis haalden en ik was alleen maar bezig met: ik wil naar de Tour, zit bij een nieuwe ploeg, wil me bewijzen en sta open voor alles.'

Hij heeft niet geprobeerd Hendrik Werner mee te nemen naar Jumbo-Visma, omdat het zinloos geweest was dat te vragen. Jumbo-Visma werkte alleen met hun mensen. 'Ik weet ook niet of Hendrik daar had gepast. Ik denk dat hij daar net als ik ongelukkig zou zijn geworden. Bij Bora kan hij zichzelf zijn. Was ook voor mij een goede ploeg geweest. Goed gestructureerd, goede renners, geen smoezelig verleden en vrijheid in de manier van werken en autonomie voor wie dat wil.'

Half mei 2021 viel het besluit: Tom keerde terug in het wielrennen, maar sprak af met de ploeg dat hij volledig autonoom naar de Olympische Spelen kon toewerken. Als een tussenfase, omdat hij eigenlijk gewoon een burn-out had en overtraind was. 'Allemaal in de hoop dat ik op die manier mezelf en het plezier in het wielrennen kon terugvinden.'

Hij ging apart trainen, met maar één doel: de tijdrit op de Olympische Spelen in Tokio, die een jaar waren uitgesteld. Op 28 juli 2021 zou die plaatsvinden rondom het racecircuit van Fuji. Hij stelde voor salaris in te leveren, afscheid te nemen van Mathieu Heijboer en de begeleiding in handen te geven van trainer Louis Delahaije en sportarts Eugene Janssen. De coaching kwam in handen van Koos Moerenhout, bij wie hij onvoorwaardelijke steun voelde. Nu zijn werkgever in die periode niet in beeld was, zag zijn moeder haar zoon een stuk vrolijker worden. De ene dynamiek werkte niet, zei ze, de andere wel.

In de Ronde van Zwitserland maakte hij zijn comeback, won daarna het NK tijdrijden, stapte tijdens het NK op de weg af en finishte als 44e in de olympische wegwedstrijd. Vier dagen later was de tijdrit. Moerenhout verwachtte niks van hem. Als hij zijn best had gedaan en in Tokio 27e was geworden, dan had Moerenhout dat volgens Tom ook geweldig gevonden. 'Niet dat hij dat ooit zo heeft gezegd, maar ik voelde dat aan alles en dat gaf mij zoveel kracht.' Moerenhout selecteerde hem zonder enige aarzeling als enige Nederlandse renner voor de tijdrit. De bondscoach vertelde hem dat hij alleen maar de best mogelijke versie van zichzelf hoefde te laten zien op dat moment, en als het niet genoeg bleek, dan was het maar zo. 'Koos liet mij de ruimte, belde echt niet elke dag in de voorbereiding. Dat was precies wat ik nodig had. Dat wederzijdse vertrouwen deed zoveel.'

Delahaije en Janssen bemoeiden zich ook niet direct met de tijdrit. Tom had genoeg zelfvertrouwen en kennis, hij vond dat hij dat kunstje prima zelf aankon. 'Ik had juist meer hulp nodig in de weg ernaartoe. Hoe zorgde ik dat ik dit allemaal luchtig bleef houden? Hoe zorgde ik dat ik niet overtraind raakte? Dat ik rustig bleef? Daar had ik hen heel erg bij nodig. Toen ik in Tokio arriveerde was ik er klaar voor. Ik werd tweede achter Roglič, en versloeg Dennis, Ganna, Küng, Van Aert en Evenepoel. Het was zilver op pure wilskracht, met een over-mijn-lijk-mentaliteit en daarmee had ik laten zien dat mijn autonome werkwijze succesvol kon zijn. De tijdrit zelf was technisch perfect. In de eerste ronde gingen we geloof ik gelijk op, alleen miste ik de pure kracht, miste de conditie om te winnen. De tweede ronde verloor ik veel tijd op Primož. Ik kijk terug op een geweldige samenwerking met Louis en Eugene, die me echt begrepen. En met veel dankbaarheid ook naar Koos die me steunde. Zijn onvoorwaardelijke vertrouwen in mij, liet mij vliegen. Dit was samenwerken.'

DEEL 5

1
Oogkleppen

Nadat Tom en ik in Noord-Spanje op weg naar Andorra het hotel waren gepasseerd waar hij in april 2022 voor zichzelf besloot aan het einde van dat seizoen te stoppen als profrenner, bleven we praten over zijn laatste maanden als renner. Al rijdend richting de Pyreneeën vertelde hij dat zijn psychologe wel eens de indruk kreeg dat hij niet zozeer last had van een burn-out, maar van een bore-out. Hij beaamde dat hij inderdaad snel verveeld kon raken. De psychologe meende dat hij ook wel wat liever voor zichzelf mocht zijn. Hij had tegengeworpen dat topsport en lief zijn voor jezelf lastig te verenigen waren en dat je niet een beetje topsporter kon zijn. ‘Het is *all the way* of niet.’

Hij morrelde in die periode al flink aan het topsportbestaan, biechtte op dat pokeren met collega’s in de lobby van het kleine hotel leuk was, maar dat het met bier nog leuker zou zijn, helemaal als je niet hoefde te denken over je bedtijd omdat je morgen wéér moest trainen. Hij had nagedacht over zijn carrière, zich bijzondere momenten voor de geest gehaald en zich voorgenomen in 2022 avontuur en ervaringen toe te voegen. Daar zou hij vast van opknappen. Vandaar dat hij al op trainingskamp naar Thailand was geweest en later nog naar Colombia zou reizen. Het aller-aller-aller-maximaalste uit zijn loopbaan halen zag hij op dat moment al niet meer zitten. Een gevaarlijk idee, want waarom zou je dan nog vijf uur met een kutgevoel op een fiets gaan zitten? Op de vraag of hij nog bewijsdrang voelde, was het antwoord duidelijk: 'Nee.'

In de auto op weg naar Andorra vertelde hij over de reis naar Colombia en de fijne relatie die hij had met Marc Lamberts, in 2022 zijn nieuwe trainer, dezelfde man die ook Roglič en Van Aert onder zijn hoede had. Lamberts was volgens Tom ook een autonoom persoon. Het klikte tussen hen. Toch voelde hij zich niet vrij. Hij was blij dat de leiding van Jumbo-Visma hem naar Colombia liet gaan, de reis verzorgde, een masseur mee liet gaan, hem daar samen met Koen Bouwman op hoogte liet trainen, maar toch was er altijd het gevoel dat de ploeg dit slechts schoorvoetend toestond. 'Ze bewogen wel met mij mee, maar het zit naar mijn idee gewoon niet in het DNA van die ploeg om renners écht vrij te laten. En gezien het dopingverleden van het wielrennen snap ik dat ook wel, want er was in die jaren weinig sociale controle op de renners in een ploeg, maar voor mij werkte dit niet.'

In 2022 was er nog een groot doel: de Giro. Hij wilde zich revancheren, wilde nog één keer kijken of hij in staat was een goed klassement te rijden, op een eerbiedwaardige manier afscheid te nemen van de ronde die hij vijf jaar eerder had gewonnen. Maar hij voelde al dat de ballon aan het leeglopen was. Desondanks waren er in de aanloop nog een paar opflakkeringen, zoals een derde plaats in de tijdrit van de UAE-Tour waar hij Tadej Pogačar 4 seconden voorbleef. Maar de dag erna had hij weer puddingbenen. Door corona ging er een streep door zijn Strade Bianchi en nog niet volledig hersteld van dat virus vertrok hij naar de Ronde van Catalonië. 'Ik dacht: als ik daar niet rij, heb ik het hele voorjaar niks gedaan en hoe moet het dan in de Giro? Dat is dus dat autistische sportbrein. Ik voelde ook de druk. Het jaar ervoor was kut geweest, alleen maar gezeik met de ploeg en ik wilde niet weer zo'n seizoen hebben. Ik wilde de ploeg laten zien dat ik er alles aan deed. Ik wist heus wel dat ze dachten: Tom heeft altijd wat. En ze hadden gelijk, hè? Ik hád ook altijd iets. Het was dus alles of niks. Het werd een fiasco.'

In de eerste rit in Catalonië weerde hij zich nog aardig, maar nadat Sonny Colbrelli na de finish met een hartstilstand van zijn fiets was gevallen ging het snel bergafwaarts. Tom herstelde niet van die eerste inspanning en werd daarna elke ochtend wakker met het gevoel alsof hij overreden was door een vrachtwagen. Tijdens de beklimming van La Molina reed hij in de achterhoede, daar waar geen oud-winnaars van de Giro horen te rijden. De energie stroomde uit hem weg en hij voelde zich duizelig.

'Ik vertrouwde het niet,' zei hij vlak voor de grens tussen Spanje en Andorra. 'Ik had net corona gehad, er waren al verhalen over hartfalen en toen werd ook Colbrelli nog met een hartstilstand afgevoerd. Ik werd paniekerig, kortademig en stelde mezelf steeds de vraag: fuck Tom, wat ben je aan het doen? Waarom ga je maar door? Je lichaam geeft toch van alles aan? Ik wilde alleen niet luisteren. Maar nu was het genoeg, ik liet me uitzakken en stapte in een auto van de ploeg.'

Die avond besloot hij aan het einde van het seizoen te stoppen. Hij hikte er al twee jaar tegen aan, kwam steeds weer terug, kreeg hernieuwde energie, maar toch liep het in 2022 weer niet. 'Ik werd gewoon niet meer gelukkig van wielrennen. Ik hoorde daar niet meer. Iedereen in de ploeg was alleen maar bezig met beter worden en ik liep er rond als een zombie en matchte helemaal niet meer met de omgeving waarin ik me bevond. De ploeg heeft dat ook gevoeld en mijn ploeggenoten wisten natuurlijk ook niet hoe ze ermee om moesten gaan. Ik maakte er daardoor steeds minder deel van uit. Ik zag ze naar me kijken en denken: waar is hij mee bezig? Ik was als kampioen binnengehaald en nu was ik vooral een tobbend en afwezig persoon, een zielig hoopje ellende.'

Het besluit voelde meteen als een bevrijding. De vraag hoe het allemaal zo was gekomen, interesseerde hem niet meer. Drie jaar lang had hij antwoorden gezocht, zijn hersens gepijnigd over de vraag waarom het allemaal niet lukte, maar het antwoord kwam nooit. 'En eigenlijk zal het me nu aan mijn reet roesten. De vraag is niet meer van belang.'

Zijn vader had er thuis aan de keukentafel niet omheen gedraaid. Het besluit van zijn zoon voelde voor hem als een bevrijding. Tom was nog gezond, had een fantastische carrière gehad en kon nog van alles gaan doen. 'Er zijn nog zoveel leuke levens te leiden,' knikte Toms moeder.

Er waren na het besluit nog twee koersen die hij wilde rijden: de Giro en de Amstel Gold Race, de koers waarmee het allemaal was begonnen. Het werd een pijnlijke ervaring. Op het allerhoogste niveau deed hij niet meer mee. Hij finishte als 30e. Hij voelde zich klote, maar het zou hem niet gebeuren dat hij een DNF achter zijn naam zou krijgen in zijn laatste Amstel. Toen hij over de streep kwam, rolden de tranen over zijn gezicht. 'Die laatste ronde had ik al een brok in mijn keel. Ik wist dat dit mijn laatste kilometers in Limburg waren en dat ik nooit meer op deze manier hier zou rijden. Niemand wist van mijn besluit, alleen mijn familie. Maar na de finish kwam je in de fuik met journalisten en normaal had ik daar nooit moeite mee, ook als het slecht was gegaan deed ik altijd even kort mijn verhaal, maar nu, terwijl ik huilde, kon ik niet liegen. Maar ik kon ook niet zeggen dat ik tranen had omdat ik wist dat dit mijn laatste Amstel was geweest. De ploeg wist dat dan ook en dat zou mijn kopmanschap tijdens de Giro in gevaar brengen. Zo dacht ik. Ik had het iedereen na de Giro willen vertellen. Ik wilde niet als helper daarheen. Maar toen de persvertegenwoordiger van Jumbo mij opving moest ik hem wel vertellen wat er aan de hand was. Ik nam hem in vertrouwen, maar waarschijnlijk wist Richard Plugge het een uur later al.'

In de volgende dagen vertelde hij het nieuws over zijn beslissing aan meer vertrouwelingen, ploeggenoten Sam Oomen en Koen Bouwman, aan zijn trainer, en tijdens een hoogtestage in Tenerife aan Marc Reef die bij Sunweb al zijn ploegleider was.

In de Giro wilde hij nog een keer proberen voor het klassement te rijden. In het openingsweekeinde in Boedapest leek het er nog een beetje op, toen hij op zondag derde werd in de tijdrit, achter Simon Yates en Mathieu van der Poel. Maar toen later die week de weg tijdens de beklimming van de Etna voor het eerst echt omhoogliep, was het gedaan. Geen power. 'Ik kwam niet meer onder de onvrijheid uit die ik op de fiets ervaarde. Het voelde toen allemaal zo ongemakkelijk en kostte allemaal zoveel energie, dat ik manieren ging zoeken om het minder belangrijk te maken voor mezelf. Ik maakte het al eerder klein, maar nu dacht ik zelfs: wat maakt het ook uit? Ik werd nonchalant en te rustig en dan waren er geen zenuwen meer als ik aan de start stond. Ik relativeerde alles en maakte het allemaal onbelangrijk. En dat beïnvloedde de prestaties. Tokio was de laatste keer dat ik alles uit mezelf had weten te persen. Ik denk dat mijn stresshormonen gewoon op waren. Ik kon geen adrenaline meer aanmaken. Dat denk ik echt.'

Zijn mooiste profdag van 2022 beleefde hij toen Koen Bouwman voor het eerst een etappe won in een grote ronde en Tom een belangrijke rol had gespeeld. Hij wilde in het begin helemaal niet meedoen in het demarrage-spel en toen Bouwman mee vooruit ging in een groepje, dacht hij: eindelijk rust in de tent. Hij schoof naar voren om aan de kop van het peloton met zijn teamgenoten de vlucht te beschermen en het tempo in het peloton te drukken. 'Maar toen viel er toch nog een renner aan, ik geloof Camargo, van EF. Ik sprint erachteraan, kijk om en er gebeurt niks. Ben ik met die gast weg! Uiteindelijk sluiten we bij de kopgroep aan waar Koen in zat en liep het nog bijna in de soep omdat ik demarreerde en Koen moest lossen. Toen hij terugkwam zei ik dat ik minder werd en dat ik de boel bij elkaar zou gaan proberen te houden zodat hij het in een sprintje kon afmaken. Dat lukte. Voor hem een carrièreveranderend moment, voor mij gaaf omdat ik eindelijk iets kon toevoegen voor iemand, iemand had kunnen helpen. Ik genoot daar serieus harder van dan wanneer ik zelf had gewonnen. Absoluut de mooiste dag van het jaar op de fiets.'

Hoewel hij ervan had genoten te helpen was dat niet zijn ambitie. Er waren in de loop van het jaar wel gesprekken met Zeeman en Plugge geweest: of een dienende rol iets voor hem zou zijn, maar dat wilde hij niet. Het was hem altijd om het winnen gegaan, en als hij niet meer kon winnen, verdween de drijfveer om op de fiets te stappen. De leuke collega's en het fietsplezier alleen, dat was niet genoeg. Roglič, Van Aert? Hij vermoedt dat die geen idee hadden waar hij het over had. Die dachten volgens hem: je gaat vijf uur fietsen met je maten, wordt goed betaald, als je terugkomt word je gemasseerd, je gaat lekker op je bed liggen, wat is daar in godsnaam verkeerd aan? Waar zit jouw probleem, kerel?

Hij stipte de in zijn ogen 'ziekelijke' topsportmentaliteit aan, waarin gedrag dat vreemd is in de normale maatschappij getolereerd wordt, beschouwd wordt als normaal. Die verbetenheid van sommige personen, de snoeiharde omgang met atleten. 'Snap je wat er gebeurt als je tien jaar lang met zo'n wereld te maken hebt? Ik ben niet zoals mijn teambazen waren en ik kan niet iemand in de hekken duwen in een sprint. Naast sommige jongens durfde ik geen finale te rijden. Sommigen interesseert het echt geen reet als jij keihard op je gezicht zou vallen. Het wordt bijna als normaal gezien, "hoort erbij", maar ik heb me daar af en toe best onpasselijk bij gevoeld en moest ik dan die gedachtes aan de kant zetten om mijn eigen droom na te jagen en die passie voor de fiets niet te laten sterven? Natuurlijk had ik ook bewijsdrang, maar ik voelde me toch meer een normale kerel die toevallig hard kon fietsen en zich afvroeg waarom hij in deze wereld was beland. Het ging de normaliteit ver voorbij. Hoezo gebruiken renners prednison terwijl ze niet zwaar ziek zijn? Alleen maar om een wedstrijd te winnen? Waar in de fuck zit jouw realiteitszin? Denk eens na. Wat doe je je gezondheid aan? Maar dat besef lijkt er niet of nauwelijks te zijn. En ze leren er ook niet van, hè? Ik moest mezelf altijd streng toespreken. Zet die oogkleppen op en doe het. Heel bewust, als ik vermoeid was en begon te twijfelen. Dan zette ik ze op. Niet zeiken, kom op, nog even en dan kun je naar huis, weer echt jezelf zijn en dan komt het wel goed.'

Vier dagen na de zege van Bouwman stapte Tom in Italië uit koers. Hij had te veel last van zijn rug. Het was klaar. Zijn trainer vermoedde dat er ook hormonaal iets niet meer klopte in het lichaam van Tom. Zijn lichaam en geest konden niet meer. Hij reed uiteindelijk zijn allerlaatste koers in Baskenland, de San Sebastián Klasikoa. Na de befaamde Jaizkibel was het gedaan. Een seingever gaf aan dat zijn achterstand van 15 minuten te groot was om nog recht te hebben op de finaleronde in de stad. Het groepje waarin hij reed werd uit koers genomen. 'En dat was het dus. Alleen wist ik toen nog niet dat ik twee weken later per direct zou stoppen.'

We reden Andorra la Vella binnen en ik stelde voor de auto even te parkeren. Dit gesprek verdiende rust. Ik zette de auto neer in een parkeerhaven voor een kruidenierswinkel en een kopieershop.

'Ik had al aan te veel mensen verteld dat ik na het WK zou stoppen voordat ik het aan Richard en Merijn vertelde. Ik had het direct eerlijk en eerder moeten zeggen, maar was bang voor de consequenties. Terugkijkend denk ik: fuck de consequenties, hier sta ik voor. Maar dat deed ik niet. Ik hield mijn mond tegen hen. Ik was na die ervaring in de Vuelta van 2020 ook bang om Merijn te bellen, eerlijk waar. Maar het werd een fijn gesprek, menselijk en aardig. Hij vond het jammer dat ik zo laat belde, maar hij vond het vervelend voor mij dat ik deze beslissing had moeten nemen. Na het gesprek stuurde ik hem een app en kreeg daarop een reactie met die emoticon met drie spierballen. Drie dagen later kreeg mijn manager een gezamenlijke mail van Richard en Merijn over de laatste fase van het jaar. Ik ontving hem tijdens een training op mijn telefoon. Het was een zeer zakelijke mail. Die reactie bewees het gelijk van mijn besluit. In de topsport is het samen winnen en in je eentje verliezen. Ik voelde nul compassie in dat bericht en ik merkte weer dat het een keiharde wereld was. Daar wilde ik niet meer zijn. Ik wilde er niks meer mee te maken hebben.'

'Wat was je gevoel?'

'Alsof ik een paria was.'

Tom legt zijn telefoon in zijn schoot. 'Als ik het nog eens lees doet het weer pijn. Ik vind niet dat ik deze zakelijke toon had verdiend. Er zal op mij ook best het een en ander aan te merken zijn geweest. Ik weet dat ik lastig kan zijn, voor anderen en voor mezelf, maar ik heb het altijd met iedereen goed voorgehad en keihard gewerkt om te voldoen aan de verwachtingen en dan op deze manier aangesproken te worden na al die jaren is pijnlijk. Hoe ben ik in zo'n situatie terechtgekomen?'

Toen hij half augustus op trainingskamp was in voorbereiding op het WK tijdrijden dat hij nog wilde afwerken in Australië, dacht hij: wat ben ik hier eigenlijk aan het doen? Het officiële bericht liet niet lang op zich wachten: *Tom Dumoulin stopt per direct met wielrennen.* 'Ik wist: ik moet stoppen. Ik wilde met niemand in het wielrennen meer iets te maken hebben.'

2

Bevrijding

'Ik verkondig niet een soort van waarheid,' zegt Tom over de manier waarop je het best topsport bedrijft. 'Er is geen goed of slecht. Iedereen functioneert anders. De manier van Jumbo-Visma bleek mij alleen niet te passen. Richard en Merijn hebben een fantastische ploeg opgezet, maar ik kon daar niet in functioneren. De top-down manier van werken die ik ervaarde paste niet bij mij. Zij wisten het best hoe je moest trainen, eten, slapen en ik behoorde dat regime gewoon uit te voeren. En het kan zijn dat zij het beter weten dan ik, maar als ik alleen maar iets mag uitvoeren verlies ik mijn intrinsieke motivatie. Het interesseert me niet dat ik dan door te volgen 1 procent beter word en nét wel die wedstrijd win. Het voelt niet meer alsof ik op mijn manier met mijn eigen carrière en droom bezig ben. Als je me van a tot z gaat vertellen wat ik moet doen, wat is mijn eigen lol in het spel dan nog? Het was al die jaren juist de uitdaging die me motiveerde. Het alsmaar beter worden, finetunen. Niet het geld, de roem of zelfs het winnen. Ik ga daar heel slecht op, ze bereikten daarmee bij mij het tegenovergestelde effect. Aan de andere kant: de manier waarop ik het zou doen, slaat waarschijnlijk bij een heleboel anderen weer niet aan.'

Ik werp tegen dat je als coach toch niet de zaak met heel veel twijfel aan de man kunt brengen. 'Bij mij wel. Ik kon dat met Hendrik juist heel goed. Hendrik probeerde mij te onderwijzen en inzicht te geven. Hij had niet de neiging zijn kennis te willen showen, ondanks dat hij een geweldige coach is met misschien wel de meeste kennis van allemaal. Hendrik zag bovendien de tekortkomingen van de wetenschap, van zijn eigen kennis en ik vond het fantastisch om met hem zulke gesprekken te voeren. Hij gaf gevoel ook een heel belangrijke plek. Hendrik kon die onderzoeken extrapoleren naar de topsport, naar het wielrennen. Ik vond dat geweldig. Veel andere renners hebben het liever anders. Die moet je gewoon vertellen hoeveel uur op welk wattage ze moeten trainen. Ik blokkeerde als ik dat moest doen. Ik wilde mijn eigen invulling geven. En dat kon bij Hendrik, en in mijn laatste seizoen bij Marc Lamberts. Merijn en ook Mathieu Heijboer waren anders – en dat is ook prima – maar dat matchte gewoon niet met mij. Ik wilde zelfstandigheid en autonomie. Dan kon ik de beste versie van mezelf zijn. Ik word daar ook een leukere man van. Hoe ik met Hendrik werkte in 2017 en 2018, dat was echt samenwerking, waar we allebei autonoom in stonden. Wij maakten elkaar sterker.'

'Was het een verkeerde keus om naar Jumbo-Visma te gaan?'

'Achteraf in elk geval geen goede keus, maar dat kon ik niet bevroeden op het moment dat ik tekende. Ik ben daar mijn autonomie kwijtgeraakt. Toen ik tekende was het een heel goede keus en ik heb ook geen moment spijt van die keus. Het is niet misgegaan bij Jumbo-Visma door Jumbo-Visma. Het was daar winnen ten koste van alles. Blik naar voren. Topsport zoals topsport bedoeld is. Keihard, eten of gegeten worden, maar wel *best of the best*. Ik was er in 2020 alleen niet klaar voor. Ik was zwaar aangeslagen en voelde me murw geslagen door de laatste twee jaar bij Sunweb. Ik was bang en onzeker. En in die harde topsportmentaliteit van Jumbo-Visma kwam ik niet uit de verf. Ik was er simpelweg niet klaar voor. En daardoor kon ik mijn wensen en behoeftes niet aangeven bij de ploeg. Ik wist niet meer wat ik nodig had. Merijn, Mathieu, de ploeg, ze kregen mij niet aan de praat, want ik worstelde met iets dat totaal niks te maken had met hun topsport. Ik was even niet in staat de grotemensenwereld aan te kunnen en zeker niet de topsport, de extreme vorm van die harde grotemensenwereld. Doordat ik het niet kon verwoorden waar ik mee zat en de ploeg het niet begreep, werd het steeds frustrerender en vervelender tussen ons en begonnen er langzaam scheurtjes te ontstaan in onze relatie. Topsport is geen sociale instelling. Er moet gepresteerd worden en ik kreeg daar vorstelijk voor betaald. Als het even niet lukt te presteren wordt dat nog wel geaccepteerd, maar niet voor lang.'

'Weet je nog dat je moeder het vergeleek met schaken? Dat ze zei dat je als sporter het schaakstuk bent waarmee anderen schaken, dat zij bepalen naar welke vlakje je moet en dat je niet als een paard in de wei mag rondrennen?'

'Ik was jarenlang de koningin,' zegt hij lachend. 'En ik werd een pion die weinig waard was, maar die wel het salaris van een koningin verdiende. Die pion moest zo snel mogelijk weg van het schaakbord, want met een pion kun je niet winnen.'

Een paar dagen nadat we zijn teruggekeerd uit Bergen zitten we in Amsterdam op het terras aan een kade waaraan woonboten liggen verankerd. Het weer is heerlijk. We bestellen voor de laatste keer deze zomer. Nog maar een keer koffie.

‘Ik was geen eigenaar van mijn eigen leven. Ik voelde me soms gewoon een slaaf. Chagrijnig, gefrustreerd, het idee dat ik het gewicht van de wereld moest dragen.’

‘Je afscheid van de wielersport voelde als een bevrijding?’

‘Ja.’

Hij denkt even na en zegt dan: ‘Ik heb veel geleerd in de periode dat ik wielerprof was, in de goede jaren, maar zeker ook in de mindere jaren. Ik weet inmiddels wat ik echt niet meer wil en dat is dat iemand anders de baas is over mijn leven. Vroeger kon ik er niet tegen als mensen met mij op de foto wilden, maar nu vind ik het prima. Als ik iemand daar een fijn gevoel mee kan geven, uitstekend toch? Ik krijg er nu goede zin van. Ik vind het heel leuk om ex-renner te zijn, dat bevalt mij beter dan renner zijn. Maar tijdens mijn carrière kon ik het er niet bij hebben, omdat mijn ploeg ook al de baas wilde zijn over mij. Ik voelde zoveel weerstand. En dat merkte je aan mij in het openbare leven. Ik werd schuchter, afstandelijk, helemaal niet zoals ik eigenlijk ben. Ik voelde me in die laatste jaren heel vaak een strandbal.’

‘Een strandbal in de wind.’

‘Strandbal Tom.’

Een week nadat hij in de zomer van 2022 had besloten dat het genoeg was, stapte hij in het vliegtuig naar Costa Rica. Vakantie, weg van alles en iedereen. Naar de jungle, daarna naar de Fiji-eilanden en uiteindelijk naar Australië, waar zijn ouders en zusjes al waren. Die hadden lang geleden al een vliegticket geboekt om hem bij zijn laatste WK uit te kunnen zwaaien als profrenner. Dat het misschien raar zou overkomen dat hij als net gestopte, opgebrande ex-prof en veelwinnaar, uit vrije wil naar het WK zou gaan waar hij op de fiets afscheid had willen nemen kon hij begrijpen, maar wat maakte het ook uit? Op die zondag stond hij langs het parcours in Wollongong, aan de kant van de weg over Mount Pleasant waar de renners twaalf keer zouden passeren.

Ik vraag hoe dat was. Hij vertelt over het zonnetje, de biertjes die de fraai uitgedoste wielerfans dronken, de gemoedelijkheid en de barbecues die op volle kracht draaiden. 'Ik voelde me eindelijk weer op mijn plek. Het was weer wielrennen als vroeger, met ontspanning en plezier. Echt heerlijk vond ik het.'

En die eerste keer dat het WK-peloton voorbijkwam? 'Dat was moeilijk. Emotioneel. Het besef dat het voorbij was. Ik wist dat ik daar nooit meer deel van zou gaan uitmaken. Nooit zou ik daar meer tussen rijden. Ik besefte toen dat ik het tot dan toe belangrijkste hoofdstuk uit mijn leven had afgesloten en ik wist daar dat het goed was, had er vrede mee. In de volgende ronde trok dat emotionele gevoel weg en na een paar rondjes genoot ik weer als een kleine jongen van het wielrennen. De wielerfan in mij kwam weer naar boven.'

Hij vertelt dat hij twee maanden later een groot afscheidsfeest organiseerde. Hij had 'gewoon' iedereen uitgenodigd die belangrijk was geweest in zijn carrière. Ook Iwan Spekenbrink kreeg een uitnodiging, ook Richard Plugge en Merijn Zeeman, ondanks de moeilijke momenten, ondanks de onenigheid en het onbegrip. 'Ik ben Iwan ook heel dankbaar voor heel veel momenten in mijn carrière en datzelfde geldt op een bepaalde manier ook voor

Richard en Merijn, die overigens verhinderd waren. Ze zijn belangrijk geweest voor de loop van mijn carrière en ook zij hoorden er dus bij op de avond dat ik mijn carrière nog één keer wilde vieren met álle mensen. Toen ik ze allemaal zag in die zaal dacht ik: wow, wat heb ik toch ontzettend veel leuke, grappige, bijzondere, ontroerende en verdrietige momenten met hen meegemaakt. Ik prees me gelukkig met het gezelschap dat daar was, het gezelschap dat ik tijdens mijn carrière heb mogen leren kennen. En dat gevoel, dat is er nu nog steeds.'

Hij leerde in die periode ook Maxime kennen. Zij had voorheen nooit veel interesse in wielrennen gehad en na een paar maanden vond hij het leuk om iets van die wereld aan haar te laten zien. Hij nam contact op met Bennie Ceulen, de oud-perschef van Sunweb, die mooie vipkaarten wist te regelen en met z'n drieën reden ze in april van Limburg westwaarts naar het hart van de Ronde van Vlaanderen. 'We reden zelfs met de auto over het parcours en daarna relaxed in zo'n viptent op de Oude Kwaremont. Echt een fantastische dag was het en dat gold ook voor Maxime. Die had geen idee wat het inhield om renner te zijn.'

Het was in Vlaanderen anders dan in Australië, waar het om het afscheid ging. Hier stond in wezen weer dat kleine jongetje van toen aan het parcours. Net als bij de Amstel Gold Race al die jaren geleden was er diezelfde spanning, die eerste auto's die passeerden, de motoren met de juryleden, de cameraploegen, de fotografen. Die helikopter in de lucht die de aankondiging is van de eerste renners. Ze komen! De kopgroep, het peloton. Die snelheid. De karavaan die erachter volgt. 'Zo simpel is het voor mij.'

Ik vraag hem of er niet een diepere laag achter die liefde

voor het wielrennen zit, omdat hij zelf jaren deel heeft uitgemaakt van de kern van dat schouwspel? 'Dat is het wel, ja. Ik weet megaveel van het wielrennen natuurlijk en ken heel veel renners nog persoonlijk. En ik moet zeggen dat ik ook nostalgie voel. Over mijn jeugd en die hele gave periode als actieve renner, die nooit meer terugkomt en waarvan ik nu van een afstand kan genieten.'

Paradoxaal genoeg voelt hij zich nu meer verbonden met het wielrennen dan toen hij er zelf deel van uitmaakte. Hij stond er minder open voor. Ziet nu zaken die voorheen voor hem verborgen bleven of die hij vergeten was. Hij doorziet nu ook veel beter wat de fans aantrekkelijk vinden aan de koers, een element dat hij als renner nooit goed wist te doorgronden.

'Ik was ook zo ontzettend gericht op mezelf. Zo gefocust op presteren. En dat zorgde er ook voor dat ik niet naar mezelf keek en doorhad hoe bijzonder het was wat ik deed. Was ik totaal niet mee bezig. En nu kijk ik naar die renners en zie ik in wezen mezelf.'

'Dus deze periode heb je nodig om het zijn van wielrenner te vervolmaken?'

'Dat klinkt wel wat zwaar maar het is wel zo, ja.'

'Is die zelfgecreëerde mist van het profbestaan opgetrokken? En als dat zo is, is het voor jou dan haast onvoorstelbaar te beseffen dat je ooit deel uitmaakte van die wereld en daarin grote koersen won?' Hij knikt en vertelt dat hij zich nu niet meer kan voorstellen dat hij weken achtereen zes uur op de fiets zat en de Tour reed met een gemiddelde snelheid van 40 kilometer per uur.

In zijn stem klinken enthousiasme en verwondering. Dat het zo is, verdomd nog aan toe, ja. Zo is het! Hij kan naar zichzelf kijken en vervolmaakt zo het bestaan. 'Ik voel trots,' zegt hij.

Ik leg hem voor dat er altijd een strijd was tussen Tom zonder fiets en Tom die zich moest gedragen als een wielrenner. Die strijd is gestreden en dus is er de rust en tijd voor nuance. 'Nuance over alles. Mijn prestatiedrang en controledrift overschaduwden die mooie elementen vaak en daardoor werd het zwaar.'

'Ben je dan niet alleen bevrijd maar inmiddels ook in het reine gekomen?'

'Ja. En daardoor ben ik nu vooral heel dankbaar. Dankbaar voor het mooie profbestaan dat ik heb geleid.'

Even later staan we op en verlaten het restaurant. We lopen door Amsterdam. De flex-scooter heeft hij bijna afgezworen nadat zijn mobiele telefoon vanmiddag in de ruimte onder de zitting viel en de zitting daarna dichtklapte. Hij had omstanders nodig om met hun mobiele telefoon de QR-code te scannen zodat hij zijn eigen telefoon weer terug kon krijgen. Hij lachte toen hij het vertelde. 'Zal jij wel weer grappig vinden.'

'Klopt.'

We wandelen naar het restaurantje op de Ten Katemarkt waar zijn vader en een van zijn zusjes op hem zitten te wachten. Zijn appartement heeft hij vandaag van de hand gedaan en hij woont inmiddels samen met Maxime. In Maastricht. Hij heeft zijn rugzak om zijn schouders geslingerd. Het logootje van Jumbo-Visma is met zwarte stift onherkenbaar gemaakt.

Hoogtepunten wielercarrière Tom Dumoulin

2013
Eneco Tour (2e)
Nederlandse kampioenschappen (2e wegwedstrijd, 3e individuele tijdrit)

2014
Wereldkampioenschappen (3e individuele tijdrit)
Grand Prix Cycliste de Québec (2e)
Tour of Alberta (2e, met 1 ritoverwinning)
Eneco Tour (3e, met 1 ritoverwinning)
Nederlandse kampioenschappen (1e individuele tijdrit)
Ronde van België (2e)
Critérium International (1 tijdritoverwinning)

2015
Ronde van Zwitserland (3e, met 2 tijdritoverwinningen)
Ronde van het Baskenland (1 tijdritoverwinning)
Vuelta (6e, met 1 tijdritoverwinning, 1 heuvelritoverwinning naar Cumbre del Sol en meerdere dagen rode leiderstrui)

2016

Ronde van Groot-Brittannië (3^e)
Olympische Spelen (2^e individuele tijdrit)
Nederlandse kampioenschappen (1^e individuele tijdrit)
Giro d'Italia (1 tijdritoverwinning en meerdere dagen roze leiderstrui)
Tour de France (1 tijdritoverwinning, 1 overwinning bergrit naar Andorra)

2017

Wereldkampioenschappen (1^e individuele tijdrit)
Wereldkampioenschappen (1^e ploegentijdrit)
Binckbank Tour (1^e)
Nederlandse kampioenschappen (1^e individuele tijdrit)
Giro d'Italia (1^e, met 1 tijdritoverwinning, 1 overwinning bergrit naar Oropa, meerdere dagen leiderstrui)
Abu Dhabi Tour (3^e)

2018

Wereldkampioenschappen (2^e individuele tijdrit)
Wereldkampioenschappen (2^e ploegentijdrit)
Tour de France (2^e, met 1 ritoverwinning)
Giro d'Italia (2^e, met 1 ritoverwinning)

2020

Tour de France (7^e)

2021

Nederlandse kampioenschappen (1e individuele tijdrit)
Olympische Spelen (2e individuele tijdrit)

2022

Nederlandse kampioenschappen (2e individuele tijdrit)

Van Nando Boers verschenen eerder:

Bernie's Avenue, met Ronald van Dam, Thomas Rap 2002

Cristi: Cristian Chivu, van Reşiţa tot Amsterdam, Nijgh & Van Ditmar 2004

Nachtmerrie in Indianapolis: de dag waarop de Formule 1 zijn ziel verloor, Nieuw Amsterdam 2007

Het is koers! Een jaar in het spoor van Skil-Shimano, LJ Veen | De Muur 2009

In de tour, LJ Veen 2010

De schaatser, Nieuw Amsterdam 2013

¡Amigo!, Wielermail 2009-2012, met Pedro Horillo, De Muur 2013

Zandvoort (roman), Ambo|Anthos, 2020

Breng me thuis (roman), Ambo|Anthos 2021

Ik ben renner: gesprekken met wielrenners in het peloton, Ambo|Anthos 2021

Geen plek voor kleine jongens: het wonderlijke jaar van Spyker in de Formule 1, Thomas Rap 2022

Het plan: hoe Team Jumbo-Visma de beste wielerploeg ter wereld werd, Ambo|Anthos 2023

Op gevoel: een wielerleven, met Tom Dumoulin, Thomas Rap 2024